邓植仪

邓植仪

泥土上的歌者

詹文格 / 著

北京燕山出版社
BEIJING YANSHAN PRESS

图书在版编目（CIP）数据

邓植仪：泥土上的歌者/詹文格著．—北京：北京燕山出版社，2014.9
ISBN 978-7-5402-3660-1

Ⅰ．①邓… Ⅱ．①詹… Ⅲ．①邓植仪（1888～1957）—传记
Ⅳ．①K826.3

中国版本图书馆CIP数据核字（2014）第205629号

书　　　名：	邓植仪：泥土上的歌者
作　　　者：	詹文格
责任编辑：	金贝伦　陈赫男
封面设计：	弘毅·麦田

出版发行：北京燕山出版社
社　　　址：北京市西城区陶然亭路53号
邮　　　编：100054
电　　　话：010-65240430
经　　　销：新华书店
印　　　刷：北京兴星伟业印刷有限公司
开　　　本：710毫米×1000毫米 1/16
字　　　数：263千字
印　　　张：14印张
版　　　次：2014年9月第1版
印　　　次：2014年9月第1次印刷
定　　　价：32.00元

版权所有　翻印必究

目 录

引言 泥土的芳香 …………………………… 001

第一章 邓屋，一个家族的光环 …………… 001

第二章 留美学子故土情深 ………………… 022

第三章 躬耕教坛开辟先河 ………………… 049

第四章 以德报怨大家风范 ………………… 061

第五章 挥洒汗水情牵粤桂 ………………… 072

第六章 重返教坛展抱负 …………………… 093

第七章 真情见证烽火岁月 ………………… 116

第八章 颠沛流离信念不改 ………………… 134

第九章 春回大地 …………………………… 153

第十章　学科之父 …………………… 159

第十一章　思乡恋土启迪后人 …………………… 173

第十二章　红壤，未了的心愿 …………………… 182

第十三章　谁来养活中国 …………………… 191

后记　兴农重教名扬千秋 …………………… 198

引言

泥土的芳香

一个亲近土地的人,必定拥有泥土一样质朴的品格,大地一样宽广的胸襟!他倾情田野,扎根岭南。虽然他的名字在流光逝水,在工业化、商业化浪潮中被逐渐冲淡,但他的精神却如参天大树,根植在泥土深处;他的理想像春天的雨水,浇灌着庄稼,滋润着万物。

如果能假设一下历史,让邓植仪降生在太平盛世,我可以肯定地说:这位被称为中国"土壤学之父"的学者,对我国现代农业的贡献将不亚于"水稻之父"袁隆平。可是历史从来就不容假说,它只能按照既定的轨迹,以一种不可更改的状态服从于事实真相。

人不能选择出生的时代,也不能选择生育的父母,但能选择人生的态度。1914年,邓植仪在美国威斯康星州立大学农学院取得硕士学位,在大洋彼岸见证了现代农业的萌芽与兴起。一个世纪过去,时代的车轮呼啸而去,人类从刀耕火种的农耕时代,进入工业时代,再到电子信息时代。对于一个饱受灾荒煎熬的民族来说,温饱是一种令人神往的仙境。千百年来的经验反复证明,不管社会如何前进,经济如何发展,吃饭永远是头等大事!我们是一个拥有十三亿人口的大国,农业是我们的立国之本,土地永远是人类赖以生存的第一要素。国以民为本,民以食为天。人类虽然已经登上月球,步入了太空,但我们的梦想始终根植于现实的土壤,永远不能脱离土地,隔绝农业,割断生命与稼穑的关联。

三十余载的改革之路,在悠久的历史长河中只是弹指之间的事,

但其意义已非同凡响。那场发轫于中国农村的改革，就是从土地中孕育的硕果，从田野上绽开的奇葩。实践证明，农村实行土地承包是对土地的最大尊重。如今居豪宅、驾豪车的大款，不少是洗脚上岸的农民，他们回想赤脚走过田埂的情景，眼前一定会漫过金黄的稻麦，飘过泥土的芳香。留存在记忆深处的不仅是劳作的辛苦，还有丰收的喜悦。他们在烈日下挥汗如雨，脊背弯曲，四肢张开，一起一伏，收割的身姿，带着乡野的韵律，传递出天然的美感。他们袒露着泥土一样的肌肤，身上每一个毛孔都散发着庄稼的气息，每一根血管都流淌着洁白的米浆。对于朴实的农民来说，丰收是他们生命词典里最感人的词语，粮食是他们手中最尊贵的财富。麦粒如宝石，大米像珍珠，土地是母亲丰腴的胸脯。吸吮母亲乳汁的孩子，永远不能忘记母亲的养育！

东莞土地肥沃，水网密布，这里曾是香飘四季的农业大县。勤劳务实的东莞人创造过辉煌的农耕经济，不仅受到过省和国家的表彰，而且还迎来了澳大利亚农业专家，迎来了联合国粮农组织非洲25个国家代表的参观考察。尽管农业的盛景在风起云涌的工业化浪潮中随水而逝，但行走在水草丰美、瓜果飘香的莞邑大地，不由让人联想到这片土地的前世今生，想起邓植仪这个与大地一样质朴的名字。他的汗水洒向岭南的山山水水，他的足迹踏遍祖国大江南北。他与引进番薯的陈益、改造水利的王应榆一样，都是福荫苍生，名垂青史的莞邑前贤。

邓植仪成长于艰苦岁月，青少年时期正处于历史更替、社会变革的动荡年代，目睹了农民在封建统治和帝国主义的双重压迫下，自耕不能自食，自织不能自衣，农村经济濒临崩溃，饿殍遍野，灾难深重。面对积贫积弱的现状，邓植仪忧国忧民，从而萌生"教育救国"、"振兴农业"的思想。他坚定不移地选择了学农、爱农，振兴中华农业的道路。

1909年，邓植仪顶着各种压力，打破轻农学，重工商的世俗观念，自费赴美学习农业科学。初入加利福尼亚州立大学，半年后转入威斯康星州立大学农学院，攻读土壤学。求学期间他刻苦钻研，成果丰硕。1914年26岁的邓植仪获得硕士学位，在威斯康星州农事试验场从事短期土壤研究工作。导师埃米尔·杜鲁格对邓植仪的才华非常赏识，想让他留校工作，继续进行农业科学研究。为报效祖国，建设家乡，邓植仪婉言谢绝了导师的美意，毅然踏上了回国之旅。

邓植仪回国后供职于北平中央农事试验场，1916年任教于长沙高等工业学校和南京高等师范学校。1920年应广东省省长杨永泰之邀，出任广东农林试验场场长、广东公立农业专门学校校长。上任后他在试验场增设了调查科，积极组织开展广东分县农业概况调查，派出科研人员深入一线，对广东94个县的地理、地貌、气候、耕作状况、农业经济状况、作物、果树、畜牧、森林、荒山、荒地、特产及输出品、农村教育等情况进行逐项调查，同时提出改进意见。这是一项庞大的调查工程，历时12载，在战乱中克服了许多难以想象的困难。1932年农业调查完成后，他出版了多部专著，提出了一系列改良意见和建议，对广东全省农业、林业、畜牧业、甚至水利状况均有全面了解。这项重大的农林基础性调查工作，在广东乃至全国农业史上都是空前的，成为广东现代农林发展的奠基工程。

1921年，邓植仪出席广东第五次教育大会，他提交的《设立乡农业学校的议案》，反响巨大，提案中他直言不讳地批评当局不重视农民教育，不注重农村发展，致使农民文化素质低下，农业改良技术无法得到推广。

邓植仪切身感到农民教育的重要性,所以他把农民教育作为一项重要的基础工程,始终铭记在心,不遗余力地普及农民教育。

1925年1月1日,第三届广州农民运动讲习所开班,邓植仪与廖仲恺、彭湃、陈延年、谭植棠、唐澎,以及苏联顾问鲍罗廷、马马也夫、加仑等人同时担任教员。广州农民运动讲习所是第一次国共合作时期培养农民运动干部的学校,1924年7月至1926年9月,共举办了六届,有毕业生797名。这是中国农民运动的一次伟大创举,在反帝反封建斗争中发挥着积极作用,在中国革命史和教育史上具有重要地位。为中国革命奠定了良好的基础,唤起农民觉醒,培养革命骨干,提高了农民的思想觉悟和文化水平。

在讲习所任教时,邓植仪不仅致力于对学员灵魂的唤醒,还注重给予他们生命关怀。广东现代农业技术推广在这一阶段得到了良好启蒙。为进一步摸清广东农业现状,邓植仪担任广东农林试验场场长期间,主攻农业调查和科学研究,积极组织农技人员对广东蚕丝、蔗糖主产区进行专题调查。对我国20世纪20年代蚕丝业、蔗糖业衰落的成因进行详细分析。特别是以盛产蔗糖闻名于世的广东,不但不能输出蔗糖,反而需要进口大量的外糖,面对蔗糖滑坡的现象,邓植仪深感忧虑。

调查结果出来后,他立即编撰刊发了《广东蚕业调查报告书》和《番禺增城东莞中山糖业调查报告书》,认真分析了广东蔗糖业的盛衰史,呼吁当局切实改良甘蔗种植方法、蔗糖榨制法,充分发挥广东"土地之腴,气候之适,消费之多,人工之贱"的优势,振兴广东蔗糖业。可惜当时政局动荡,纷争四起,当权者根本无心顾及农业。

看着日渐凋敝的农村,邓植仪非常焦虑,他渴望迅速改造农村,改变农民生活现状。虽然他有着真切悲悯的情怀,但在强大的现实面前，仅凭个人的力量无法实现心中的理想。数载寒暑，呕心沥血，可是仍然收效甚微，邓植仪陷入了一种壮志难酬的郁闷和苦楚之中……

面对艰难，邓植仪没有放弃，他以炽热如火的爱国情怀，以一个农业专家的良知与抱负，践行着知识分子的责任和担当。

他清醒地认识到，土壤学与水稻、甘蔗、蚕桑、果园、苗圃、林业、畜牧、水产等诸多学科有着紧密的联系。他心里装的是一个宏大的综合性农业，只有培育一个强大的综合性农业，才能支撑整个农村经济。

1930年前后，邓植仪就开始高度重视土壤环境问题。当时外国化学肥料大量输入我国，他认为进口化肥不仅造成国民资金大量外流，而且长期过量施用化肥，将会造成土壤性质改变，农作物品质变劣。

1932年，他派出科研人员赴广东各化肥入口港埠，调查其营业状况，深入化肥使用最广的地区，调查施用方法。1933年编撰出版了《广东化学肥料营业施用概况调查报告书》，为研究改良施用化学肥料的方法提供了依据。同时他提醒人们必须重视振兴土肥，保护土壤，堵塞漏卮。

八十多年前，邓植仪对农民滥施化肥就有了高度的警惕。而时至今日，人们还是没有走出施肥的误区，有的甚至已深陷泥淖，施用化肥的数量比邓植仪当时调查的状况要严重得多。

我们每天都在食用化肥农药种植的粮食、蔬菜和瓜果。稍有知识的耕作者其实都知道，大量施用单元素化肥，其养分不能被作物有效地吸收利用，氮、磷、钾等一些化学物质易使土壤板结，形成各种化学盐分，在土壤中积聚，造成土壤养分结构失调，物理性状变差，部分地块有害金属和有害病菌超标，导致土壤性状恶化。偏施某种化肥，会导致作物营养失调，土壤部分物质转化合成受阻，造成产品品质降低。如现在的瓜果吃起来不甜,蔬菜不香,并且不便存放,容易腐烂,其原因都是超标施用化肥所致。

由于施入过多的化肥,土壤水溶性养分等物质被雨水和农田灌水溶解到地下水及河流中,造成部分地区的地下水及河流污染,使地下水、河流、湖泊呈富营养化。导致的结果是地下水不能饮用,部分河流、湖泊内的鱼虾死亡甚至绝迹。最严重的是由于过多地施用单一性的几种肥料,造成营养不平衡,养分失调,农民不断增加成本,却不能增加产量,并造成品质低劣的农产品不易销售、不易保存、价格低下等严重后果,给农民带来巨大损失。

1934年,邓植仪把目光投向了更广阔的远方。那年他利用暑假空闲,对长江、黄河流域各省进行了土壤调查和农业考察。通过这次考察,邓植仪深有感触,他的视野不再局限于自己的一亩三分地,而是看到了一个更加广阔的世界。开发西北农业,可提高经济效益、生态效益、社会效益,具有十分重要的战略意义和现实意义。

数十天的跋山涉水,他既看到了大漠孤烟直,长河落日圆的景象,也目睹了西北农业的封闭和落后。他通过对土壤、气候、农作物逐项考察,发现西北的农业发展大有潜力,他写下了:"苟得人而治,假以岁月,孰敢谓干燥之西北高原,将来不可以媲美于东南耶。"考察结束,他撰写了《发展我国西北农业之管见》一文,提出了七项以科技振兴农业和综合治理的观点:一是建立西北科研总机构;设置气候观测台以观察气候变迁情况;二是进行土壤调查,掌握土壤情况;三是在黄土高原先种牧草;四是大力造林,防风固沙,防治水土流失;五是采取水利与防治盐碱并举措施,以改良碱性土壤;六是整治交通、水利,增加农业投资以改善农民经济和农业发展条件;七是对农产品加工工业的建设必须未雨绸缪,羊毛、乳品、棉花、肉品、果品等应就近设厂加工精制，而后运销，以降低成本，减轻运输压力，加强抵制舶来品的能力。

从以上七点建议，我们足以看出邓植仪的远见卓识。他在八十年前就具备了前瞻性的视野，以过人的预见勾画出建设西部的美好蓝图。

邓植仪不仅创造性地拓展了我国农林土壤调查的内涵，而且还擅长学习国外先进经验。1935年，他利用赴英国出席第三次国际土壤学大会和世界教育大会的机会，考察了英国、比利时、荷兰、德国、丹麦、瑞士、意大利、法国、美国以及南洋各地的农业教育与农业概况，以寻求解决我国农业发展之良方。这次考察行程10万里，历时165天，对各国的农业设施、政策、科学试验、经营管理、农产品贸易、土壤、肥料、农业教育等方面进行了细致深入的调查。如对爪哇糖业托拉斯，意大利新辟的农村及农产品市场，丹麦农会对推动农业改良的作用，农会的历史、组织、任务、活动等内容都作了细致详尽的考察。这次考察给邓植仪留下了深刻印象："农业之在欧美，无论其为农业国抑系工业国，均重视之，而尽量谋其发展。"

他在开展农业教育考察时，不仅访问了剑桥大学农学院，还有母校威斯康星州立大学农学院等著名大学，还对一些农业专门学校、中等农校、乡村农校和专为冬季农闲时培训农民及其子弟的冬闲学校进行了考察。他根据各国农业教育的特点，边考察，边比较。对英国农业部与教育部能共同制订整体的农业教育计划，注意与地方教育当局暨各大学通力合作，重收实效，非常赞赏。对各国重视义务教育情况、义务教育与发展农业教育的关系进行了深入的了解和探索。回国后，他发表了《出席第三次国际土壤学大会暨沿途考察农业与农业教育概况报告书》，详尽记述了考察情况及改进我国农业和农业教育的意见。呼吁当局重视发展农业生产和农业教育，复兴农村。

时光荏苒，八十多个春秋过后，我们无不惊讶于智者的韬略远见，学贯中西的邓植仪用敏锐的触觉和超前的眼光，洞穿了一个世纪的农业秘史。他以一个学者的先见之明，认清了化肥农药对土壤和农作物的潜在危害，让我们感受到了当下的种种忧虑，看到了历史教训在轮回往复中出现的惊人巧合。

近年来，全国各地不断出现农产品污染，重金属超标。食品安全成为一个揪心的话题，渗入到日常生活的方方面面。如何使被污染的食品不流入餐桌，成为政府监管部门的重要职责和人们最关切的事情。2013年出现大米镉超标事件，充分证明环境恶化、土壤污染、给农产品安全带来的隐患和危害。

2014年4月17日，首次全国土壤普查结果正式公布。从点位监测看，全国土壤总的超标率达到16.1%，耕地土壤环境质量堪忧。耕地点位超标率（土壤超标点位的数量占调查点位总数量的比例）高达19.4%。此外，重金属镉污染加重，全国土地镉含量增幅最多超过50%。

"部分地区土壤污染较重，耕地土壤环境质量堪忧，工矿业废弃地土壤环境问题突出。"这是环保部和国土部联合发布的《全国土壤污染状况调查公报》给出的结论。

首次全国性的土壤污染普查，是一项重大的系统工程，环保部自2005年4月至2013年12月开展历时8年的调查。调查点位覆盖除香港、澳门特别行政区和台湾省以外陆地国土的全部耕地，部分林地、草地、未利用地和建设用地，实际调查面积约630万平方千米。

根据调查结果，南方土壤污染重于北方；长三角、珠三角、东北老工业基地等部分区域土壤污染问题较为突出，西南、中南地区土壤重金属超标范围较大。

此外，镉、汞、砷、铅4种重金属含量呈现从西北到东南、从东北到西南方向逐渐升高的态势。

在急功近利的时代，智者的远见，并没能阻止后人的盲从。邓植仪生前的忧虑不仅没有就此终止，反而日益严峻和突出。屡禁不止，防不胜防的土壤污染，问题食品，给消费者造成巨大的身心伤害，多少人为此忧心忡忡。食品安全问题引发人们持久的失望与切肤的隐痛。

邓植仪在八十多年前就已预测到今天这种状况，表现出他的担忧。而处在当下的我们，为了一点眼前利益，却违背道德，昧着良心，不顾后果，戕害他人，甚至一些知情者也跟着麻木不仁，视而不见。相比之下，邓植仪那一代知识分子有着集体意识的觉醒，具备先天下之忧而忧的宽广襟怀。国脉民瘼，为千年一脉的进退忧伤，共同的使命与方向，就是振兴农业。邓植仪作为我国土壤学科先驱，深知土壤问题乃农业生产之根本问题，要发展农业生产，必须重视发展土壤科学。因此，他数十年如一日，把汗水洒遍祖国大地，不间断地从事土壤调查和土壤科学研究，为我国现代土壤学科的发展奠定了坚实的基础，作出了重大贡献。

他认为："欲科学化其农业，必先建设有系统而充实之农业科学机关以为中枢。"1930年年初，南京中央地质调查所成立土壤研究室，同年10月1日广东土壤调查所正式成立，这是我国建立土壤研究机构的开端。广东土壤调查所是由邓植仪建议，由广东建设厅农林局、农矿部广州农产检查所及中山大学农学院3个单位联合筹建的，负责广东土壤系统调查研究，隶属农林局，挂靠中山大学农学院。邓植仪受聘为首任所长，调查所的中高级科技人员主要由农学院教师兼任，拥有3名技正、2名技士、6名技佐的科技队伍。

1932年9月该所改隶中山大学农学院，1947年又与中山大学研究

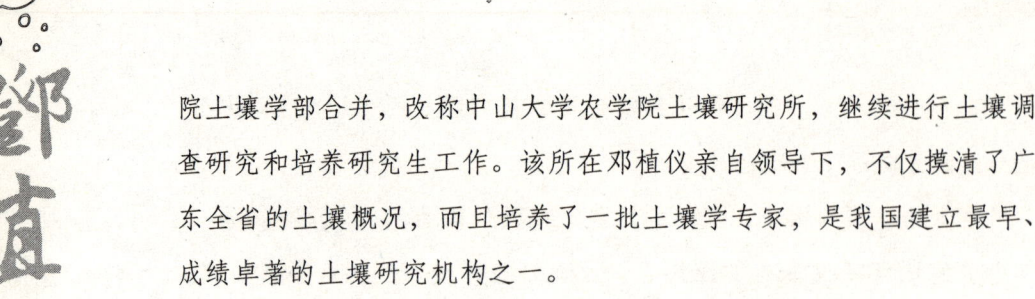

院土壤学部合并，改称中山大学农学院土壤研究所，继续进行土壤调查研究和培养研究生工作。该所在邓植仪亲自领导下，不仅摸清了广东全省的土壤概况，而且培养了一批土壤学专家，是我国建立最早、成绩卓著的土壤研究机构之一。

在土壤调查中，邓植仪亲自主持了东莞区域的调查，并牵头撰写了东莞土壤调查报告。在教学和行政工作中，设法抽出时间到虎门研究沙田土壤，总结咸潮涨落的规律，以便找出灌溉的最佳时机。那段时间他曾积极协助建立桥头村农业职业学校，方便当地农家子弟就学，培养农业人才。利用留学生关系，帮助东莞横沥镇养蜂场引进意大利优良蜂种，进行繁殖，以提高当地蜂蜜产量和质量。我们可以想象，当时横沥镇成排的蜂房中，一定流淌着颜如美玉的荔枝香蜜。

1946年夏，邓植仪与桥头乡绅联名致信东莞县政府，要求在桥头设立一间中学，以便当地的青少年就学，很快政府就给出了回复：县长批准在桥头建立东莞县立农业职业学校，由明伦堂拨款建设，邓植仪主持了这间学校的筹建工作。1946年在桥头墟东桥市创办的农业职业学校正式开学，这是东莞有史以来的第一间农业职业学校，开辟了东莞职业教育先河。

1946年担任东莞明伦堂副董事长期间，他倡议设立万顷沙试验农场。东莞明伦堂是从清代延续下来，由地方人士管理负责地方教育、文化的机构。明伦堂拥有一大批田产，这些土地一般都是批租给大耕户，由大耕户再转租给佃农。佃农交的田租经过层层加码，多人盘剥，最后所获无几。民国时期东莞明伦堂董事局成员背景复杂，既有地方士绅，也有东莞籍军政要员。董事局成员争权夺利，勾心斗角，多为自己谋取好处。而邓植仪在此机构中，却是想实实在在利用自己的专长来改良万顷沙的农业耕种水平与改善佃农的生活处境。他呼吁废除万顷沙的包佃制,直接将田地租给佃户,以便提高他们的收入。邓植仪支持在万顷沙建立一个不使用包佃制的农场,利用农业科技实行耕作和栽培,建立试点实行新的经营方式,推广新的农业技术,增加农民收入。邓植仪物色推荐了具有稻作栽培经验的农业科研人员负责管理农场,培育适宜沙田土壤和环境的水稻品种,在佃农中传授新式的耕作法和栽培管理技术,购买新式农机具在农场中使用。虽然后来农场的经营管理还是脱离了邓植仪的初衷,但仍然显示了邓植仪作为明伦堂副董事长的一片苦心,改变了耕作者的观念,为家乡做了一件好事。

岭南大地,万木葱茏,泥土温润,百草飘香。邓植仪像一粒饱满的种子,在这里播种理想,在这里兴起事业。他热爱农业的献身精神,感染了下一代学人。他在科研之余潜心现代农业教育,他认为:"高等农校所负之使命,不仅造就人才而已,尤负有改进地方农业之责。"因此,他求真务实、艰苦创业、勇于开拓,重视调查研究,提倡教学科研与生产紧密结合。撰写了《广东农业概况调查报告书》(1925)、《广东农业概况调查报告书续编上卷》(1929)、《广东农业概况调查报告书续编下卷》(1933)、《广东蚕丝调查报告书》、《番禺增城东莞中山糖业调查报告书》、《广东化学肥料营业施用概况调查报告书》、《发展我国西北农业之管见》、《出席第三次国际土壤学大会暨沿途考察农业和农业教育概况报告书》、《广东土壤提要初集》(1934)、《沿滇缅公路考察昆明至大理间农林及土壤概况报告》。教育论著有:《论吾粤实业与实业教育》《论农学院之过去与将来》《三十年来之广东农业》《改进我国农业教育刍议》《农业改进与乡村教育》。将近古稀之年仍撰写《广州三角洲土地利用和沙田部分的生产改进意见》。

邓植仪像一支燃烧的蜡烛,如一只吐丝的春蚕,以一种甘为人梯

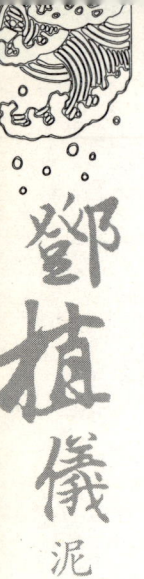

的奉献精神,把自己的毕生精力献给了我国现代高等农业教育和农业科研事业。他不仅是一个卓有成就的科学家,而且是一个伟大的教育家和思想家,晚年担任农业部顾问,对华北盐碱土壤进行了深入的调查研究。

1957年,他回到广州,不顾年事已高,对南方贫瘠的红壤土改造进行了攻坚,特别是对先秦土壤学的研究取得学术界公认的优秀成果。他一生关注民族前途和国家命运,潜心农科、关心农村与农民。他出生在中国最黑暗最动荡的年代,但他的信念与理想却如烛照的火炬,点亮了世纪的天空。1957年10月18日,邓植仪因劳累过度,在华南农业研究所给研究生讲授改良广东红壤方法的过程中,突发脑溢血,倒在了讲坛上。他把最后一丝光亮献给了农业科研事业,终年69岁。

第一章 邓屋，一个家族的光环

1

桥头镇地处东莞市东北部，东江之滨，上接惠州，下通广州，是东引工程供港水源地。石马河像仙女抛下的玉带，蜿蜒而来，贯穿全镇。这里自古水系发达，水上交通十分便利，所以，在以河流为交通动脉的年代，桥头因水而建埠，因水而成墟。早在清代桥头就形成了义和墟、庙冈墟、长和墟、新墟、中和墟、东桥市，共"五墟一市"。沃土之上必有旺市，这里曾是东莞、惠阳、博罗三县的农副产品集散地。

桥头是一种隐喻，也是一种象征。桥水相连，通达彼此，续接古今，给人想象。当绝大部分墟市退隐消失之后，桥头墟却顽强地坚守住自己的阵地，抵御时代浪潮的冲击和淘洗，至今保持着旺盛的生命。

在喧闹的桥头墟市背后，隐藏着一个典雅的古村，它像一位敦厚平和的智者，静静地立于镇中心西北面。虽然村庄的规模并不宏阔，总面积只有 2.66 平方千米，户籍人口 1863 人。但古村环境优美，民风淳朴，人才辈出，遐迩闻名。

邓屋是一个以姓氏命名的村落，村民世世代代流淌着相同的血脉，生长着共同的基因。邓屋，这种直观的命名，具有诉诸历史、建构身份的意图。中华广土众民，姓氏文化与地域文化互为表里，每个村寨都自成天地，每个姓族都自成体系。一方水土养一方人，对我们身边的人来说，寻根问祖是一种必然，大家都想知道我的祖先在哪里，我生长在哪里。乡土籍贯是编户齐民的法律身份，更是一种文化身份，寄托着我们最自然、最基本、最牢固、最亲密的认同。邓屋，由一个姓氏而繁茂，因一个家族而扬名。虽然古村历经了近700年的光阴流变，但邓氏后人守土有责的情怀没有更改，自强自立、奋发进取的精神没有衰退。

邓屋，像一粒饱满的种子，在温润的岭南大地上生根发芽，开花结果。地处亚热带季风气候的东莞，长夏无冬，四季并不分明，但在这里只要你留意观察，便可发现一些细微的变化：光照透过树叶的罅隙，进行不动声色的渲染，常常被人忽略。你看青绿的叶片呈现淡红的边缘，枝头挂果，草尖微黄，这些都是植物的心语，它们用含蓄的方式透露了季节的秘密。从丝丝缕缕的痕迹中，预示着收获的色彩，传递出秋天的气息。在瓜香果熟的季节，大地像哺乳期的母亲，裸露出宽厚的胸膛，村庄由此变得丰盈充实，四野清亮，天宇澄明。

麻石铺设的甬道像一根柔软的丝线，牵引着行人的脚步。进入古村，眼前像黑白电影的镜头，画面不停切换，记忆如潮水奔涌。此情此景，一切都退回至岁月深处，闭上眼睛，喧闹的市声从身旁悄然隐去，小巷像屏风的拉线，关闭了满城的喧嚣。走进静谧的楼舍，透过古旧的门窗，触摸苍茫的历史……

作为一个隔世的探望者，我对前尘往事总有一种解密的欲望，感觉每一幢老宅都是家族的仓房，贮藏了邓氏先祖一些不为人知的故事。我带着诸多好奇与疑问，在不同的语境中深入陌生的场域，在幽长的巷道中窥视迷宫般的秘史。

抬腿踏进巷道，色彩出现变化，视网膜上映出一团燃烧的火焰，给古村增添了一层喜庆的颜色。我事先不知道那是久闻其名的物体。细腻绯红的容颜，不免让人想起美人的脸庞。我曾怀疑它的色彩是否属人工所为，后来查阅相关文献，才确认那是它的天然本色，因此人们才给出红砂岩的命名。不管从哪种角度，只要谈到岭南古建筑，就不能不提到红砂岩。这种让东莞人倍感亲切的红色石材，在民国之前，作为地域特色鲜明的建筑材料，被广泛应用。时至今日，我们在可园、南社古村、塘尾古村和众多宗族祠堂内，都能见到它的身影。作为山体一部分被大量移植，巧夺天工的石匠把它切割分解，以大小不一的块状、条状转化成繁复的建筑语言，锻刻成门楣、门框、墙基、塾台、房柱、地砖……数百年来，宠辱不惊的红砂岩，以唯一的颜色，用不同的形态支撑起岭南村寨的万千广厦。

鲜红的石头像人体的骨骼，挺起瘦硬的身姿。我伸出苍白的手掌，轻抚凹凸的墙体，掌心滑过，感觉出石材的隐忍和坚硬。风吹日晒，墙面已经斑驳，像留守家园的孤独老人，默默伫立于村庄一隅。青苔暗绿，爬满墙根，那是时光结下的老茧。砖块横平竖直，排列有序，像雕版印刷的宋体，一笔一画书写着家族印迹，一砖一瓦记载着生命足音。这样的场景，可以嗅到田园的气息，听到悠扬的牧歌。前人用绝妙的手笔，勾勒出邓屋的水墨轮廓，绘就秀美的写意山水，铺展在古村边缘。

一个家族的繁衍，就像一片森林的形成，它需要肥沃的土壤，充沛的水分，温暖的气候。岭南这块最适宜植物生长的沃土，用它丰腴的身体孕育了无数的森林。邓屋，就是森林中一株苍劲的古榕，身躯挺拔，根系发达，老而弥坚。

任何一个古村都有它的历史，有它的渊源和来路。邓屋村始建于明洪武四年（1371），直至1947年仍属第四保管辖，分别有新旧围等自然村落。邓屋曾有耕地1178亩，旱地175亩，农业主产有水稻、甘蔗、木薯等。与"珠三角"星罗棋布的村落相比，邓屋并无特别之处。

邓屋又名土桥，元朝中叶，始祖邓邦仁居浙江金华兰溪，入科举金榜题名，高中进士，被朝廷吏部派往广东南雄府保昌县（今广东省南雄市）任知事正堂。任职期间，邓邦仁为官清廉，体察民情，经常深入乡间，与

◀ 邓氏宗祠

▼ 邓屋村麻石小巷

◀ 邓植仪祖屋

百姓结下深厚友谊，政声颇高。任职届满，邓邦仁已深深爱上了这片温润的土地，他没有像其他官员那样告老还乡，而是选择长居岭南，在南雄（珠玑巷13号）择地安家立业，成为邓氏家族入粤第一人。

邓邦仁生下仲其、仲元、仲天三子。仲其传下光祖，光祖传下八子（号称"八凤"）三女。八子凤鸾传下衡石，衡石传下日德、月德、帝德三子。衡石靠打鱼为生，长年漂游东江，因厌烦居无定所的生活，后来在东江岸边搭棚定居。日德居东岸；月德居涩湖；帝德在外婆邱氏家（今邓屋东门麻石巷至南门石井处）替人放牛。

18岁那年邓帝德由外婆做主在石井屋成婚，其居屋被称为邓屋，从此正式安顿下来。

虽然帝德暂为客居者，但世事往往难以预料，随着时间推移，土桥后来成为邓氏的福地。帝德一脉居住土桥，在此繁衍生息，人丁日见兴旺。土桥被易名为邓屋，全村几乎无外姓杂居。

翻开邓氏家谱，岁月被浓缩在纸上。回望家族的源头，它像一条蜿蜒的长河，时而潮水涌动，时而浪花飞溅，涤荡着古村的脸庞，留下难以抹去的痕迹。从土桥到邓屋，那是一个家族血脉的浩荡流向，其中所包含的意义并非简单的地名更换，而是家族兴衰的见证。

2012年，古村像一只不为人知的凤凰，飞入了大众的视野。这一年广东省文联、广东省民协组织了一次意义重大的活动。专家们深入各地村寨访古问今，通过严谨的考察认定，邓屋村被确定为第三批"广东省古村落"。建筑是文化思想的结晶，是民俗民情的载体。而历史如大浪淘沙，在巨大的容器中以巧妙的方式清除泡沫，留下精华，这样才让古老的文化得以传承，让中华文明得以续接。

初秋的天空，纯净如洗，一片瓦蓝，大朵的白云在蓝天中徜徉，云团舒卷，忽而逐鹿，忽而奔马，形态各异，变化万千。抵达邓屋已近正午，穿过喧闹的镇区和浓密的树荫，视野渐次开阔。成群的鸽子从头顶掠过，羽翼舒展，传递出村庄的秀美和恬静。

午间的太阳有几分燠热，我站在进村的路口，凝望前方。村中青砖黛瓦，飞檐高挑，远远望去就像一幅素雅古朴的水墨画。进入村内，犹如步入画中，棋盘一样交错的麻石巷道，透出屋宇的阴凉。进古村，入巷道，时而开阔，时而逼仄，移步其间，如听心语，似入梦境。古色古香的建筑，仿若穿越了漫长的时光隧道，给人一种曲径通幽之感。

邓屋村的地形呈曲尺状，村前有一片水面，叫东门塘，村内有麻石路、古井、东门楼、南门楼、北门楼、古民居、邓氏宗祠、善宝堂、善宝小学、文帝庙、邓屋炮楼等古迹。

宗祠前有一方池塘，池水清澈，波光粼粼，很像村庄的眼睛。广东人

▲邓植仪祖屋壁画和门檐雕花木匾

以水为财,屋舍喜傍水而居,邓氏宗祠面朝大水塘,估计亦有此意。岭南地区很多宗祠,周边都有水面,水者泽也,谁不愿财源似水,水到渠成,让日月精华天地灵气泽被后人?破旧立新的年代,邓氏宗祠曾遭受损毁,后来邓氏子孙在原址重修。其建筑式样仿明代风格,灰砖红石,翘角飞檐。

东莞的宗祠无论是建筑规模,还是室内布局,与北方大屋的风格迥然不同。岭南地区的宗祠形态灵巧,带有明显的南方特色。我国的祠堂文化历史悠久,其滥觞可以追溯至公元前479年。孔子去世后,他的学生在墓旁搭盖一间简易小屋,以守护坟墓寄托哀思。所以旧时的祠堂又称"祠庙"或"家庙"。从存留在世的祠堂中,可以窥探到一个家族的发展脉络。

很显然,走进邓屋,我首先探访的一定是邓氏宗祠。那天刚好周末,

▲邓屋北门楼　　　　　　　　　　▲邓屋南门楼

步入粉刷一新的祠堂,好不热闹,那些银发飘逸、精神矍铄的老人,三五成群,或下棋,或玩牌,或吹拉弹唱,可谓棋琴书画,不亦乐乎。入祠堂正门,大厅立柱上有一副对联:

大小行事执快心东平云为善最乐;古今义礼归何处朱子曰读书更高。

这副寓意深刻、格调高雅的对联,以典故作启迪,如一种精神的指引,成为邓氏后人的励志箴言。古老的粤曲唱腔,在电子乐器的伴奏下,转化成现代时尚的立体音响。一辈子在泥土上劳作的老人,像一抹绚丽的夕阳,安享幸福晚年。

祠堂是重要建筑,但从地理位置上看,邓氏宗祠并没有修建在村庄正面中轴线上,而是选在偏离中轴线靠东门的一边。据说这种选择与地理风水有关。不管出于什么考虑,前辈都希望家族兴旺,后人贤达。

宗祠是一个家族的精神象征,历代以来,邓氏宗祠因时而异,在不同时期,发挥着不同的功能和作用。祠堂内曾开办过善宝堂、善宝学堂、善宝小学,后来又是邓屋村族长聚集厅、议事堂、村务管理和村民大会场所,同时还是接待外地族裔来访的族堂、村民操办婚嫁喜宴的饭堂。不管用于学堂,还是会场,在邓氏后人心中,祠堂永远是他们家族的灵魂。

建筑自古就有双重意义,它既是人心的物化,也是外化。一个时期的建筑,体现一个时代的风格,在相互对比中,可以观察到丰富的时代信息和精神指向。与现代都市的摩天大楼相比,这些古老的民居虽然身形矮小,陈设简朴,但矮小中不失沉稳的风范,简朴中不乏内敛的品质,朴素自然,布局精巧,结构天人合一。四水归堂的天井,雕刻的檐廊,体现出浓郁的地域特色。砖石紧卯,严丝合缝,古屋虽历尽沧桑,但依然风姿不减。

厅房错落有致,看似结构随意,实则充满匠心。庭园院落,石雕木刻,壁画彩绘,无不体现家族的精神内核。

进入村庄深处,感觉视野被局限,周边耸立着森林般的高楼,城市化浪潮惊涛拍岸,朝古村扑来。工业区马达轰鸣,商贸城人声鼎沸,工商业奏响的巨大气场,将古村的身影逐渐遮蔽,给人一种沉重的挤压。幸亏还

▲ 村内古井

有一条狭窄的巷道，留下了承前启后、绝处逢生的寓意。古村凝固成一种虚弱的历史符号，匆匆而过的身影，终归要回到繁华喧嚣中去。现在只剩唧唧鸣叫的秋虫，蜷缩在石缝深处，诉说着日渐式微的乡野农耕。

无论多么巧夺天工的建筑，也无法挽回逝去的辉煌，漫漶的内心升起一层郁悒的情绪。岁月如水，无声地流淌。此时，一抹阳光洒向门楼，光与影，新与旧，在此遥相呼应。越往里走，越见幽静，巷道边偶见一两块狭小的空地，空地上碧绿的野山芋趁机疯长，在无人管束的空间里伸展着肥硕的叶片。那些曾与时光对抗的麻石，在行人经年累月的踩踏下，磨出了光滑的凹面。数不清多少双脚板与石头有过恋人般亲吻，年年岁岁，如水的时光从石缝中无声地漫过，在农耕的天地里，缔结地老天荒的约定。

站在古旧的匾额前，仰望遒劲的字迹，追怀逝去的时光。那些碎片般的细节难觅踪影，只有文字承载了续接往昔的功能，将转瞬即逝的光阴作了长久的挽留，让后人看到了前人的风骨与气度。

穿过门楼，屋宇渐稀。路旁出现两块绿毯似的草地，成群的蜻蜓贴着草地飞翔。母鸡在巷子里拍翅鸣唱，老人倚墙而坐，怅望巷外，屋舍中飘散着饭菜的清香……

久居城市，满耳喧嚣，踏入乡野古村，顿感地气充盈，满眼清新。行走在老宅边缘，穿行于树荫之间，让人找回了久违的安然与宁静，获得一种真正的生命感。如果想成为一个毫无羁绊的游人，就该用一种淡定的心态，去享受哪怕只是片刻的松弛与闲适。

2

历史已经远去，村庄复归沉寂，门楼砖石掩藏了邓氏家族悠长的日月。古村依旧维持着缓慢的节奏，探访者在这里可以获得一份轻松自由。

走进邓氏宗谱编修室,我的视线从竖排的文字中缓缓滑过,眨眼之间就滑到了咸丰十年(1860)。这是一个不同寻常的年号,这一年,英法联军看清了清廷软弱的骨头,由野蛮的强盗变成疯狂的魔鬼。他们瞪着发绿的双眼,点燃了罪恶的大火,将一座举世闻名的皇家园林彻底焚毁,从此,万园之园成为一地废墟。强盗没有就此住手,随后还威逼清政府签订了丧权辱国的《天津条约》和《北京条约》。中国由此进一步陷入半封建半殖民地的灾难深渊。

这一年,一个倔强的男孩在桥头邓屋一间农舍中呱呱坠地。本该享受添丁进宝的喜庆,可是遇上了多灾多难的年月,男孩降生不仅没给邓氏带来快乐,反而增添了不尽的愁绪。这位名瑞祥、字庆云的男孩,从出生开始就泡进了苦水。他幼年丧父,很早便失去依靠,贫苦的生活,家庭的变故,催他早熟。邓庆云与母亲相依为命,虽然他稚嫩幼小,无法扛起家庭的重担,为母亲分担更多的家事,但小庆云用自己微薄之力,尽力帮助母亲。幼年时小庆云作为富家少爷的陪读,在私塾读了两年,私塾先生对聪明好学的小庆云关爱有加,每次堂考小庆云的成绩都名列前茅,而富家子女却相差很远。私塾先生知道庆云是读书的料子,可是因他家境苦寒,无法继续读书,这事在小庆云心里留下了永久遗憾。

地处东莞东部的桥头是东江的要冲,村子周边沟渠纵横,河涌密布。

▲ 鱼罩、虾铲、鱼篓

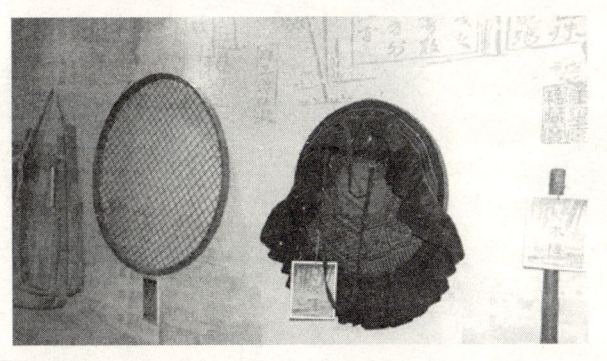

▲ 左为谷筛，右为广东省非物质文化遗产凉帽

清澈的河涌里游动着密集的鱼虾，邓庆云像一只瘦小的鹭鸶，高挽裤腿，赤脚入水，用虾铲、网罾、鱼罩去捕捉鱼虾。活蹦乱跳的鱼虾，被捕捞上岸，惹人喜爱，小庆云送到墟市，换钱籴米。拿回家母亲再配上自种的番薯、山芋，充饥果腹，共度时艰……

时光匆匆，转眼间小庆云已长成一个小伙子。尽管他十分节俭勤劳，可家庭还是一贫如洗，于是他开始思考自身之外的问题。自己一年到头辛苦劳作，仍然吃不饱、穿不暖，这是为什么？这并非是因为农民懒惰，而是因为老百姓长期被压迫和剥削。自从国门被列强用洋枪洋炮轰开之后，百姓更是雪上加霜，苦不堪言。一向民风淳朴的邓屋已无法享有耕织度日的安宁。同治九年（1870），邓庆云与十几名本村青年，结伴从桥头出发，依靠一叶扁舟，沿东江漂流而下，抵达广州，开始闯荡世界。

关于那段经历，没有详细的文字记载，我们可以从一位英国摄影师的作品中找到当时印迹。1870 年秋，摄影师约翰·汤姆逊，在 3 名雇员的陪同下，从香港出发，溯珠江支流，经佛山到达三水，由此进入北江。他沿途拍摄了许多山水风光与人物照片，记录了岭南的风貌。当他把照相机镜头对着河边几位浣衣的妇女时，那些打闹戏水的妇女以为洋人要对她们施用什么法器，吓得惊慌逃散，后来还引来了族长。英国摄影师的作品逼真

▲ 舂米的石臼

▲ 风车

▲ 木桶、箩筐

而写实，使后人对140多年前的珠江流域的人物风情有了最直观的感受。

当时的广州已是具有相当规模的繁华商埠，车水马龙、商贾云集。邓庆云第一次来到喧闹的城市，满眼迷茫，不知所措。离开家乡，寻梦广州，可真正抵达广州后才发现，广州与想象中的情况完全不同。人头攒动的闹市中，不是遍地黄金，而是谋生不易，立足艰难。踯躅于码头集市的邓庆云，发现城门紧闭，世界像一个铁打的地盘，找不到他的立锥之地。

双手空空，屡次碰壁的邓庆云开始沮丧起来，他浪迹于举目无亲的广州，出发前的雄心壮志已荡然无存，满腔的热情也降到了冰点。在人地生疏的城里，没有一点人脉关系，想要安身立命几乎没有可能。特别像他这种没文化、没任何特长的懵懂少年，连一份下贱的苦差也无法谋到。

邓庆云在码头货场折腾了一段时间，状况没有任何起色，感觉前途一片黯淡。就在邓庆云心灰意冷,快要失去信心时,他生命中的贵人出现了,这个人的出现彻底改变了邓庆云的人生和命运。

当然,这位出手相助的贵人不是奇迹偶遇,而是一种血脉亲缘。原来邓庆云有一位同宗同族的伯父,名叫邓戴喜,时任广东顺德县武官首领。邓戴喜少时精明灵活,调皮好动,勤思善辩。年少时他拜师学过功夫,喜欢主持公道,爱打抱不平。平日里他总想外出闯世界,不甘心守在村庄里混日子,坚信好男儿志在四方。有一次闯了祸,被父母打骂后他只身去了广州,不久被招募进入兵营,因打仗有勇有谋,立下军功,朝廷封赏邓戴喜红顶武官。邓戴喜获知侄儿庆云的状况后,非常同情,对庆云的胆量很是赏识,他从庆云身上看到了自己当年的影子,于是萌生对晚辈的怜爱之情,遂将侄儿邓庆云带进了兵营,让他入伍从军。

自从迈入军营那一刻开始,邓庆云如鱼得水,从此他的人生出现了转机。邓庆云从小懂事乖巧,体贴听话,好学上进。这个机灵的小伙子在军营中讨人喜欢,加上又有伯父的调教点拨,邓庆云很快就成熟起来。在屡次征战中,他凭借出色的军功,扶摇直上,由一名普通兵卒,晋升为顺德县都司(清代武官职位,为正四品,相当于现在军队团级)。在兵营立足之后,邓庆云把母亲接到身边,安家于顺德县大良镇,娶东莞县桥头司马乡尹氏之女为妻。

1888年6月11日,正值盛夏,天气闷热,广东顺德县大良镇一幢幽静的楼舍里,传来几声婴儿的啼哭。当娃娃呱呱坠地后,产婆也累得一脸热汗,她急匆匆地钻出卧房,朝厅堂走去:"老爷,恭喜啦!是个男娃。"

在厅堂焦急等候的邓庆云,听到产婆过来报喜,乐得满眼放光。他喜笑颜开地连声说:"好,好,好哇!好哇!我终于有儿子啦!"

自从长女出生后,邓庆云就盼望能添个儿子,二胎虽然生的是个男娃,但刚过周岁就不幸夭折,为此邓庆云很长时间都心情郁闷。眼看夫人第三

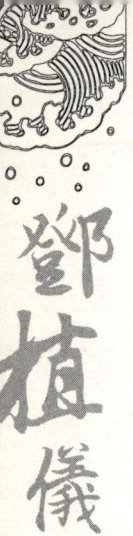

胎临盆在即,他心里像揣着一头小兽,不停奔突。说实在的,邓庆云做梦都想生个男娃。

如愿以偿的邓庆云喜形于色,他把早已想好的名字定了下来:名植仪,字槐庭。他渴望儿子像树木一样,根植大地,福荫乡土,荣耀家庭。正是有了这层寓意,邓植仪一生就有了坚定的指向,使他与土地农耕紧密相连。在家里邓植仪以排行第三,被唤作三儿、三哥、三伯……

辛亥革命后,邓庆云官至团级,直至退役。退役后定居广州,开始从事社会公益活动。

邓庆云一生娶妻纳妾,共有3房,生育儿女13个,除长子幼年夭折外,其余12个全部抚养成人。

行伍出身的邓庆云,在军营中养成了刚正爽直的性格,虽然少年家贫,读书不多,但凭他的悟性,很快就能识文断字,通晓文墨。邓庆云退伍后虽然定居广州,但他心中时常挂念家乡,经常回东莞参与家乡的社会活动,热心支持东莞公益事业,曾参与组建东莞县商团,并担任副团长。邓庆云在晚年不仅乐善好施,还坚持弘扬正气,化解族群纠纷,维护地方安宁,所以他在家乡威望较高。

少年时期的艰苦生活,使邓庆云知晓民间疾苦,而沙场征战,军旅磨砺,成就了他的果敢坚定。退伍后他更加洞明世事,体察人生,经常与乡绅名流往来,共襄盛事,造福一方。邓庆云深知读书求学的重要性,因此不断鼓励子女发奋读书,掌握本领,用知识去改变命运。

邓庆云虽然官至团级,但祖上世代务农,懂得无农不稳,温饱重要。所以他一直关注农业,遵循耕读传家久,诗书继世长的儒家思想。他教育后代要守土有责,不要轻易丢掉根本。他的言行影响着子女,12个孩子,除了邓植仪之外,还涌现了多位科技人才。老四邓鸿仪,1914年,就读于岭南学堂,考取庚子赔款公费留学美国,入读密歇根大学,攻读化学工程

▲ 虾兜　　　　　　　　　　▲ 鱼笙

▲ 龙骨水车

专业。毕业归国后，担任广东士敏土厂厂长，后来长期在搪瓷厂、机器制砖厂从事制造业。老五邓权仪，上海南洋公学毕业，从事工业企业管理。老六邓盛仪，清末考取庚子赔款公费留学美国，攻读土木建筑工程专业，毕业归国后，曾任广三铁路工程师、广西公路交通部门主管，后来分别在广州、香港创办制钉厂和钢窗厂。解放后，当选为广东省政协委员和全国工商联委员。老九邓煜仪，为邓庆云二妾所生，广州私立培正中学毕业，曾在广西交通厅、广东省农林局工作，后来在广东糖业复兴运动中，成为冯锐领导的省营蔗糖厂四大甘蔗运销商之一。1938年广州沦陷时，前往香港，1942年在香港病逝。排行第十一的弟弟叫邓梁仪，广州市第一职业学校土木工程科毕业，解放后，曾在中央对外贸易部、铁道部、轻工业部任工程师，20世纪60年代初期病逝于北京。排行第十二的弟弟叫邓柱仪，抗战时期积极参战，有多年军旅生涯的经历，1962年复员，在中山石岐大林农场工作，同年因病去世。排行第十三的弟弟叫邓柏仪，广州仲恺农校毕业，解放后，在广东湛江地区农校任教。

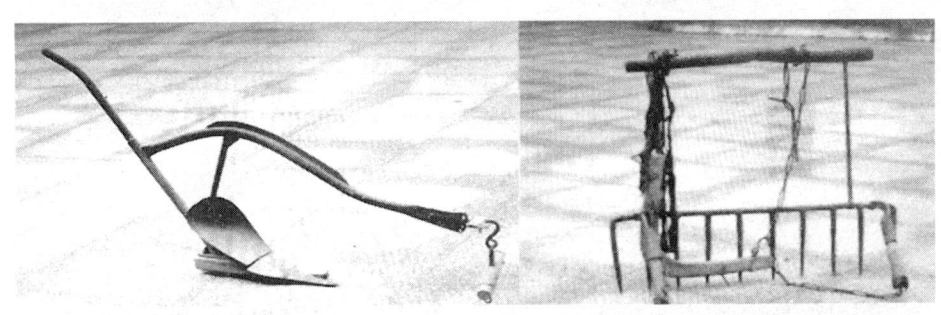

▲犁　　　　　　　　　　　　　▲耙

邓庆云所有子女不仅品行端正，学有所成，而且对下一代的培养教育更是卓有成就。书香一脉，薪火相传，邓氏家族人才辈出，济济一堂。邓植仪5个子女，除老二邓二妹出嫁本镇李屋，其余4个均求学在外，成为不同领域的专业人才。长子邓锡荣，留学英国，虽然未能回国工作，但在海外颇有建树；老三邓英娥，原华南农大教授、中国昆虫学家，后随丈夫定居美国；老四邓锡恒，曾任广州市电信局局长；老五邓锡銮，曾在农业部土地利用总局肥料处工作，后调河南农业大学任教，在本专业造诣深厚，科研成果丰硕。邓鸿仪生育子女6个，五子邓锡浩曾在国防科委研究所工作，特种材料专家。邓权仪生育子女9个，二女邓蕴玉，高级农艺师，丈夫张天佑为华南农大畜牧系教授；三女邓秀珍夫妇均为高级工程师；五女邓君璧，国家科委离休干部，曾任香港《文汇报》总编，丈夫叶锋系原东江纵队支队长，曾任新华社香港分社副社长、国家科委顾问；七子邓锡瀚，曾任广东省五金交电公司经理；八子邓锡武，天津某中学特级教师，1995年病逝；九子邓锡永，曾任华南缝纫机厂工程师。

邓盛仪生育子女6个，长子邓锡智，创办实业，为香港制钉厂总经理；次子邓锡全，旅居美国；三子邓锡铭，中国激光科学之父，中国科学院院士，1997年病逝于北京；五子邓锡清，我国著名邮票设计师，设计过多套具有历史意义和珍藏价值的邮票……

一个家族，几代英才，遥望一连串闪光的名字，就像夜空的星辰，在各自的领域里熠熠生辉。

3

这是一个有理想、有抱负、有担当的家族。邓植仪、邓锡铭伯侄二人像两棵参天大树，成为邓氏家族的标志性人物。这是两位注定载入史册的科学家，一位称为中国土壤学之父，一位称为中国激光科学之父。2009年，为迎接新中国成立60周年，东莞市评选出60名英才人物，邓植仪与侄儿邓锡铭双双入榜。

▲ 绞制麻绳的绞凳

邓植仪自费赴美留学，当时他对国内落后的农业、凋敝的经济，深感忧虑。由于心底饱含浓厚的乡土情结，他到美国后主动放弃工科、商贸、法律等热门专业，选读了冷门的土壤学。1914年获得美国威斯康星州立大学农科硕士学位，回国先后供职于北平农事试验场、广东农林试验场，创办广东农业专门学校、国立广东大学农学院、中山大学农学院，担任中山大学教授、教务长等职。

与伯父邓植仪相比，邓锡铭是邓氏家族的后起之秀，只要提到我国的激光技术，就无法绕开邓锡铭的名字。邓锡铭出生于1930年，少年启蒙于邓屋善宝学堂，后升入广州广雅中学，1952年毕业于北京大学物理系。先后担任中国科学院上海光学精密机械研究所研究员、副所长、博士生导师，曾成功研制了我国第一台红宝石激光器，担任高功率激光物理联合实验室主任，国家"863"高技术计划激光核聚变主题专家组成员。

1960年5月15日，美国人梅曼宣布获得了人类第一束激光，从此激光被称为"最快的刀、最准的尺、最亮的光"。当时在相关领域研究的邓锡铭，敏感地捕捉到了从异域射来的这束光亮，他意识到激光技术对未来科学的重要性，随着研究的深入，必将开启一个崭新的时代。

邓锡铭带着一种紧迫感与使命感，在老一辈科学家王淦昌、王大珩先生的指导下，致力开拓我国高功率激光及激光聚变新领域，成功研制出我国第一台氦氖气体激光器，独立提出激光器Q开关原理。发明了"列阵透镜"，提出了"光流体模型"，成为我国高功率激光和激光聚变事业的开拓者。

2008年9月27日16时41分0秒，中国航天员翟志刚打开神舟七号载人飞船轨道舱舱门，首度实施太空行走，在茫茫太空中第一次留下了中国人的足迹。这是一个多么激动人心的历史性时刻啊！虽然九泉之下的邓锡铭已经无法感受这个欢呼雀跃的瞬间，但所有的研制者都会铭记这位"激光之父"的功绩，在心底永远缅怀他、追忆他、纪念他。

神舟七号飞船标志着中国太空探索的新成就，更是多项科技成果的集中展示。比如激光技术的运用就是关键一环。神舟七号飞船上使用了激光焊接技术，这项技术对壳体以及宇航员出舱服进行了精密焊接。由于激光的焊接具有强度高、密闭性好的优点，加工的零部件可以在十分恶劣的环境下正常使用，为翟志刚的太空行走提供了安全保障。

1983年，邓锡铭在美国访问时，得知美国做了战略性防御计划，他回国立即向相关领导进行汇报。1986年11月18日，国务院正式下发了《关于高技术研究发展计划纲要》的通知。这一通知对我国科技发展产生了巨大推动，催生了"863"计划，在该计划中，尤为重要的"神光-Ⅰ"高功率激光装置的研究工作由邓锡铭具体负责。那段日子，他带领团队夜以继日，刻苦攻关，经历了无数次试验与攻关，终于将"神光-Ⅰ"装置研制成功。20世纪90年代，他再次率领科研人员研制了规模扩大4倍、性能更为先进的"神光-Ⅱ"装置。工程完成后，标志着我国已成为在高功率领域中具有综合研制能力的少数国家之一。

邓锡铭是从桥头邓屋走出去的科技精英，他的成才之路与治学精神彰显了邓姓的家族精神，邓氏家族在分支繁衍的过程中，始终牢记祖训，恪守家规。历经150多年发展，邓庆云家族已经人才辈出，事业兴旺。他们分布在五湖四海，成为各个领域出类拔萃的精英翘楚，正如邓屋村在立村时所期待的"乾山巽向水流东，屡代儿孙出富翁"的愿望。当然这个"富翁"并非狭义的金钱富有，而是境界高远、胸怀博大、情操高尚、文化深厚的精神富翁。

历史上邓屋村是有名的穷村，人多地少，资源贫乏，村民为了生存，只能到邻近的企石等地租田佃耕。但无论贫富，邓屋人始终将教育兴邦放在首位。明清时期，村里文庙、私塾兴旺，学风炽盛，耕读持家，齐头并进，这是一个家族的发端。

在浩瀚无边的中华大家庭中，每一部漫长的家史都是由诸多隐秘微妙的细节构成，一个家族的兴衰包含着不可更改的内核。邓庆云行伍出身，但他看到了书香文脉的力量，他把后代教育当作振兴家族的聚焦点和着力点，赋闲后奔波于乡村，出任东莞明伦堂董事[①]。在东莞近代史上，明伦堂是一个颇有影响的机构，在珠江口拥有万顷沙田，田产收益全部用于公益，鼓励青少年求学成才。凡升入中学的学生奖励4石稻谷，升入高中的学生奖励6石稻谷。邓盛仪当年赴美留学，明伦堂一次性奖励了500块大洋。从此邓氏子孙带着一种感恩之心，热心公益，接力传递。民国三十七年（1948），邓植仪出任明伦堂副董事长，续接了父亲的衣钵。

邓屋村书香浓郁、文脉悠久、英才蔚起。一个重视文化教育、倾力培养后代的家族，必定有丰厚的回报。邓屋自建村以来，众多成员走上了科学救国、实业救国、武装革命之路。他们按照自己的抱负，走各自的道路，最终抵达共同的理想高地。古村先后涌现了百余名科学家、工程师和管理人才，他们遍布世界各地，奋斗在不同领域，续写着一个家族的光荣梦想，延伸着前辈的科技传奇。

古语曰：千金难买后人贤。一个草根家族，因有钟灵毓秀的人文作为基础，始终秉承不图虚名、务实进取的人生信念，经过几代人的不懈努力，终于孕育出满门硕果，走出了两名顶尖人才，培养了一批出类拔萃的后起之秀。

探访邓屋，我触摸到了它的前世与今生，这里树木葱绿，鸟语花香，

[①] 东莞明伦堂始建于明晚期，在珠江口拥有六七万亩肥沃良田，在当时来说资产雄厚。解放前，县立明伦堂奖励有志求学者，东莞境内学风更盛。邑内文翠鼎盛，经久不衰。"除状元外，榜眼、探花、进士、举人、秀才辈出，风华之士大有人在"。民国二十六年（1937），在李扬敬倡导下，希望"一邑之财产，仍可互相维持"。1929年，东莞明伦堂拨款9万元，支持东莞县立中学（今东莞中学）新建教室3座，共12间（即今绿瓦楼）。

成排的厂房、繁荣的商贸，体育馆、图书馆、公园一应俱全。就连工作在村里的外来工，他们也感受了邓屋村源远流长的书香文脉，看到村里尊师重教，蔚然成风。邓屋村对教育的投入不遗余力，每年村内录取二本以上的大学生都有奖励，从2003年至2013年这十年间，邓屋村共考上二本以上的学生83名，其中博士生1名，研究生3名，一本16名，二本67名。作为一个总人口只有1863人的弹丸村落，能有如此兴盛的文化底蕴，能有如此密集的人才涌现，的确称得上是一个奇迹。

第二章　留美学子故土情深

4

一个人有怎样的理想信念，有怎样的抱负追求，从他的求学轨迹和治学态度上便可窥见其间的端倪。

邓植仪启蒙于乡村私塾，但正式入学则在广州时敏学堂和两广游学预备科馆。时敏学堂是广东近代最早创立的新式学堂，1898年，在康梁维新变法的直接促使下，邓家仁、邓家让兄弟共同创办了广东首家民办新式学校，取名时敏学堂，寓意敏于时务，校址设于广州西关多宝大街宝庆新街。学堂初开，犹如清风入怀，令人耳目一新，立刻引起一批有识之士的关注。有志于新学的青年，擅长观察风向，纷纷走出书斋，从广东各地，甚至远从苏、浙、湘、桂等省份前来求学，渴望在时敏学堂打开视野，吸取新知。

对于新学的引入，当时颇有争议，特别是一些被旧思想束缚的人，把新学视为洪水猛兽，唯恐避之不及。他们认为新学会破坏中国的纲常伦理，撕裂古老的传统道德，所以很多人排斥甚至诋毁。然而邓植仪接触新学后，顿感视野开阔，如沐春风，给满嘴之乎者也的学子洞开了一扇心窗。

求学是一个不断矫正自我的过程，当时中国的现状使邓植仪对世界未来的走向有了清醒的认识。甲午战败让自我封闭的中国人受到极大刺激，"唤起吾国四千年之大梦，实则甲午一役始也"（梁启超语）。从此，以知识分子为主的维新派，取代了以中高级官吏为主的洋务派，成为变革的新主流。

"庚子国变"后，慈禧突然变得"激进"起来，开始推动制度建设和经济开放。商人阶层开始不断独立和壮大，知识精英也被"释放"到体制之外。1905年，中国教育史上发生了一件影响重大的事件——从隋朝大业元年开始延续了1300多年的科举制度被彻底废除。

废除科举，让中国精英阶层从落后、呆板的孔孟儒学中解脱出来，使知识体系和思想体系发生了本质性的改变。中国从沉睡中苏醒，开始向现代文明靠拢。

时敏学堂开设的学科门类与旧学完全不同，从私塾中走出来的学生感觉耳目一新。一些从未涉及的学科以不同的面貌，呈现出崭新的世界，激发了学生对新知识的渴求与向往。两广游学预备科馆由粤秀书院创办，粤秀书院是广东四大书院之一，与"羊城"、"越华"、"端溪"齐名。雍正八年（1730）由知府吴骞重修。乾隆九年（1744）改由粮道稽查。乾隆、嘉庆、同治时期屡加修葺，规模不断扩大，向全省选录生徒。1906年8月，两广游学预备科馆及广州译学馆合并为两广方言学堂，内设英、德、日、法文各一班，学生约500人。两广方言学堂成为学生出国留学的预备机构，邓植仪在此打下了扎实的英文基础，为他后来出国留学作好了充分准备。

那个年代出国留学很不容易，《辛丑条约》签订之后，西方列强对中国政府进行了空前的勒索。为了支付巨额赔款，清政府加紧搜刮民脂民膏，百姓生活水深火热，苦不堪言；社会经济一派凋敝，国势积弱，犹如雪上加霜。百姓在封建统治与帝国主义的双重压迫下，步入了走投无路的境地。

作为一个有理想、有担当的知识分子，邓植仪出国不是为了提升个人身价，给自己抹粉镀金，而是带着一种救国救民的理想抱负，希望通过学习西方先进的科学技术，改变中国贫穷落后的面貌，从精神到肉体不再受列强欺凌。

那时对于底层平民来说，出国留学谈何容易？首先需要大笔费用。邓植仪家庭并不富裕，加之他已为人夫为人父了，婚后添了一双儿女，生活负担沉重。但是为了实现心中的理想，邓植仪不甘心就此碌碌无为地过一辈子，必须想办法摆脱世俗的牵绊，朝既定的目标迈进。经过反复考虑，他决定寻求父亲的支持。

对于儿子的选择，父亲内心肯定支持。可是当邓植仪说出自己的想法时，他发现父亲竟面露难色，明显不安。儿子想出国留学，这是一件大好事，但父亲已退养在家，有限的退休金需要养家糊口，手头并无积蓄，他实在无力资助儿子。

邓植仪看见父亲左右为难的样子，知道老人家误解了他的意思，于是赶紧说出早已盘算好的计划。他跟父亲说，他准备寻求亲友们帮助，先筹借留学的款项，立下字据，待他学成归国再逐一偿还。

说到求助亲友，一向不愿烦扰亲友的老人更加为难起来。因为当时大家的日子都不好过，向亲友们开口，的确没有把握。如果开口了，亲友又无力帮助，那样会弄得非常尴尬。

正当父子焦虑不安时，获知消息的亲友拥上门来了，大家对植仪赴美留学非常支持。长辈们说，植仪能出国深造，这是为族里争光，年轻人如此好学上进，志存高远，亲朋族友理应倾力相助。

叔伯、姑父、舅爷都倾其所能，支持植仪的选择，相信他一定能学有所成，回报乡里……

1909年，对于邓植仪来说，那是极其重要的一年。这一年，他的人生经历了一次重大的转折。古为今用，洋为中用，这是一种智者的选择。处在封闭的环境下，邓植仪渴望了解外面的世界，只有知己知彼，方能百战不殆。

赴美前他反复思考，想弄明白中国为何会落后挨打。自18世纪瓦特发明蒸汽机，第一次工业革命从英国发起，封闭自足的中国就开始与西方拉大距离。而让邓植仪心里充满忧虑的是，当时朝野上下，没有一丝半点的危机感，以致积重难返，深陷泥淖。

邓植仪与许多青年人一样，在晚清衰弱老迈的政治气氛中，感到异常压抑。这一年，阴霾的天空露出了一线光亮，9月间传来一个令人振奋的消息，这个消息具有划时代意义。由詹天佑任总工程师的京张铁路全线通车，这条全长约200千米，始建于1905年9月的铁路，在通车的那一刻就已注定，它必将成为中国铁路史上的里程碑。这条铁路不仅标志着中国人可以独立自主地设计和修建铁路，而且比预计竣工的时间整整提前了两年，实现了"花钱少、质量好、完工快"的目标。

京张铁路是用中国人自己的钱，凭自己的智慧和毅力，独立打造、自行管理的铁路。这条路开启了中国铁路人自主创新的艰辛历程。

京张铁路通车给人极大的鼓舞，让人们看到了民族的希望，其意义远远超出了铁路本身。它扫除了国势积弱而形成的民族自卑心理，为振奋民族自尊心和自信心产生了不可低估的作用。面对西方国家的层层封锁，中国让世界知道，能够修建京张铁路的中国人"不仅已经出世，且现存于世也"。

邓植仪很想知道，在西方人眼里，中国人是一个什么形象。他检索相关史料，把目光回溯到18世纪后半叶，当时法国启蒙主义者伏尔泰将中国奉为浪漫理想之都。可是当这种赞誉传播到一定范围时，一种否定的声音随之出现，而且声音不断扩大，很快将伏尔泰的声音淹没。

1763年，尼古拉·布朗杰在其《东方专制的起源》一书中，认为中国人故步自封，将自己与世界隔绝开来，古老、僵化、衰落、残暴……

孟德斯鸠则认为中国"礼教构成了国家的一般精神"，推翻了礼教也就推翻了一切。恪守礼教并没有使中国人变得诚实可信。他说，气候使中国人变得懒散、怯懦，中国人"是世界上最会欺骗的民族"，"贪利之心极浓"。在那个时代，对中国人作出如此强烈的否定，恐怕要数孟氏为最甚了。

黑格尔曾说："历史必须从中国谈起。"可中国却停留在历史之外。

在小兄弟会创始人柏朗嘉宾眼里，中国人都是些友好的异教徒。

在马可·波罗眼里，中国人善良恬静。

可到了多萨神父笔下就有不同的描述，他在其《大中华帝国志》中不无悲痛地写到，"最令基督徒伤心的是，在这样一个富饶美丽的国度里，聪颖灵巧的人民竟因为不懂上帝的真理而变成愚昧的偶像崇拜者"，"他们把一些人尊为圣人，也拜魔鬼，他们可以说没有宗教信仰"。

就连利玛窦笔下，对中国人勤劳、多才多艺、温文有礼、尊师重教的优点给予肯定之后，也同时指出中国人的陋俗，诸如迷信、算命、炼丹、溺婴鬻女、酷刑枉法以及中国人普遍的多疑与怯懦。

1793年，马戛尔尼使团访问中国，遭遇"跪礼"之辱，出访无功而返。为此关于中国人的恶劣印象得到现实的证明，并迅速在西方传播。西方人对中国人的看法开始改变。同一年，孔多塞在其《人类精神进步的历史画卷之概述》中认为，中华民族是停滞、平庸、屈辱、充满偏见的民族。乔治·安森在《环球旅行记》中描述中国人欺诈、贫困、堕落、愚昧无知又

▲ 青年时期的邓植仪

冥顽不化……

好坏的评判泾渭分明，差异巨大，而现实的证明更加有力，中英首次交战，中国一触即溃、俯首求和的现实，使中国的声誉一落千丈。此后，许多西方人在中国人面前都以十足的优越感自居，傲慢地对待中国的一切。那些金发碧眼的洋人随时随地都流露出轻蔑的神情。

1842年，一位英国海军军官在其《英军在华作战记》中写到："中国是一个长期愚昧而又骄傲自大的国家，是一个没有自我更新能力和缺乏活力的国家。"

鸦片战争，西洋炮舰轻易战胜了东方的大刀长矛。尽管一开始这就是必然的结局，但"天朝上国"败于"蛮夷小邦"的现实，击醒了梦中人，使中国人对西方国家的认识发生了大逆转。

1861年，德国地质学家利希霍芬首次来华，他想探究东方大地的愿望得到了上海英国商会赞助。利希霍芬在中国内地作了7次详细的考察，足迹踏遍了中国的大江南北，最后著成了六卷本的《中国——亲身旅行和据此所作的研究成果》。中国人自古夸耀自己地大物博，到头来连自己的家底也不清楚，全面介绍中国人文地理的著作竟由一个西洋人来完成，这样的事实，怎么说都是一件令人羞愧的事情。

几乎与利希霍芬同时期来华的英国传教士麦高温，对中国却有更加深入的探究。麦高温精通汉语，著有《中华东帝国史》《华南写实》等著作。1909年，其所著的《中国人生活的明与暗》一书出版。这是作者关于中国文化的代表作，记录了清末中国社会各个阶层的生存状况，其中对中国人的观察角度非常刁钻，三教九流、风俗习性，尽收笔下。虽然书中不无中国人的阴暗面，但调子已开始变得明朗起来："他们确实是一个非常可爱的民族，在充满欢乐的时刻，在笼罩着悲哀的时刻，以及在激发起正义感的时刻，他们都证明了自己真正拥有作为一个伟大民族的品质。"其

中不乏赞美之情，这些或许正是中国人精神的魅力所在吧。

其后，还有美国威斯康星大学教授罗斯所著的《变化中的中国人》，书中主要记录东西方文化在中国的冲突，对中国人的民族精神予以了较为深入的分析与评价。

邓植仪认为，中国人的形象要靠自己去树立。时年21岁的邓植仪怀着急切的心情，经过长时间的准备，在亲朋好友的帮助下，终于如愿以偿地登上了远洋大轮，踏上了梦寐以求的留学之路。

尽管出发前他就想好了，到美国选学农科，可到了那边才知道，美国的农科是一个庞大的门类，包含很多个专业。初来乍到，他对美国高校的学科设置知之甚少，究竟该选择哪门专业最为适宜？邓植仪非常茫然。

西方现代农业与中国传统农业有很大的差异，如不加以区分，盲目选择，学完回来将会水土不服，浪费精力，无所适从。眼看着开学在即，已经来不及作深入了解的邓植仪，匆忙之下只好进入加利福尼亚州立大学。

在加州大学只学了半年，邓植仪就有了准确的判断。留学不是为了混到一纸文凭，捞得一个虚名，而是要学以致用。邓植仪的求学态度使笔者联想到他们那一代知识分子求真务实的精神。比如陈寅恪先生就是一个突出的例子。1902年13岁的陈寅恪随兄长陈衡恪东渡扶桑，游学日本。后来又负笈欧美，就读于德国柏林大学、瑞士苏黎世大学、法国巴黎大学、美国哈佛大学。在国外游学13年，竟然没有获得一张文凭。陈寅恪求学不是为了文凭，而是为了真正的学问。13个春秋，他掌握了梵文、巴利、波斯、突厥、西夏、英、法、德八种外语。傅斯年曾感叹道："陈先生的学问，近300年来一人而已！"

不带任何功利目的学习，才是最好的学习。半个学期过去了，邓植仪立即转入威斯康星州立大学农学院，而且毫不犹豫地选择了土壤学专业。

进入威斯康星州立大学农学院，邓植仪感觉豁然开朗，选读土壤专业使他有了奋斗的目标。土地关乎人类的福祉，土地是万物之源，是立国富民之本。土地就像衣食父母，它承载着人类社会发展的过去，也承载着现在和将来。

土地与我们的生命息息相关，人类对土地的崇拜，从西方的《圣经》，到中国的古代神话，竟有着惊人一致，几乎找不出太多的差异：人是由泥土捏成的。后来随着科学发展，通过研究，说人是由猴子进化而成。不管是猴子变的，还是泥土捏的，都离不开大地。泥土的重要性不仅关乎地球，而且影响整个宇宙。

人类穿过大气层，抵达太空，那里是地球之外智慧生命的地盘。可不管是星星，还是月亮，那上面还是土。1971年，美国总统基辛格就用美国宇航员从月球上带回来的"月亮土"，与周恩来总理交换过我国马王堆出土的木炭。周总理还幽默地说："月亮上的广寒宫，就是中国姑娘嫦娥修建的宫殿。"

从现实到神话，从远古到当今，人们对土地念念不忘，开疆拓土，保卫领土，这是每一个王朝，每一代国君誓死捍卫的要务。国王对功臣最高封赏，采用裂土封侯；古人发了财，第一选择是购置土地，"家有金钱十万，不如近地一坰"。纵观古今中外的战争史，刀光剑影，炮火纷飞，每一场血流成河的战争，几乎都与土地资源的争夺有关。对于土地的重要性和唯一性，人类自古就有很强烈的意识，于是土地成了占有、抢夺的第一资源。"普天之下莫非王土"，这是统治者对土地的认识。质朴的泥土，不言不语，但它具有承载万物之力，造化万物之功。现在很多华侨归国，临走时都要从家乡带去一包土，以寄托对祖国对故土的眷恋之情。

想到土地有如此深远的意义，邓植仪不由热血沸腾。在现代化的美国高校，几经折腾，终于找准了学习的方向，于是内心变得安静踏实起来。身处异国他乡，站在陌生的土地上遥想自己的故乡，一个人不管漂泊多远，只要找到乡土，生命就能绽放出长久的喜悦。他时刻思念家乡，惦记父老兄弟，深知农民是最弱势的群体。一年四季，顶风冒雨，躬耕劳作，用最原始笨拙的方法从事农业生产，而付出高强度的劳动后，土地的回报却异常低下，挥汗如雨的耕作者，往往连肚子也填不饱，放下镰刀没饭吃。养蚕种棉，缫丝纺纱，连御寒的衣物也穿不上，温饱似乎比天堂还要遥远。当时的中国乡村，饿殍遍野，饥荒连年……

回想往事，邓植仪内心难以平静，每当闭上眼睛，就会浮现面黄肌瘦的乡民，他们佝偻着腰身，拖儿带女，蝼蚁一样在眼前晃动。特别让他揪心的是，一些眼窝深陷、身如鱼刺、皮包骨头的孩子，饿得连哭的力气都没有了……

种田为生的农民，往往留不下一粒粮食，挨饿最多的总是农民。吃饭穿衣成为一种镜花水月，成为一场人生空梦。与西方农民对比，简直是天壤之别。农业是国之根本，立志学农的邓植仪内心焦急。每当晚上失眠的时候，他从窗口仰望高远的天空，夜凉如水，他打开从家里带来的笔记本，只见扉页上工整地摘录着北宋大儒张载的名言："读书人为天地立心，为生民立命，为往圣继绝学，为万世开太平。"这个时候他感到一种使命感在寂静中迫近他。扪心自问，振兴民族，匹夫有责，邓植仪已经意识到一个知识分子应该有怎样的担当和责任。

几年的留学生涯他都憋着一股劲，全身心投入学习。他督促自己必须尽快掌握西方先进的农业技术，珍惜来之不易的求学机会。他把课堂当成赛场，争分夺秒，不敢有一丝一毫的懈怠。

由于前期基础教育的差异，邓植仪的专业基础不如别国的学生扎实，但他没有泄气，开始挑灯夜读，暗中发力，迎头追赶。4年的大学生涯既让他尝到了求学的艰辛，也让他收获了成功的喜悦。遨游在世界知名学府里，探行在知识的海洋中，浩瀚的水流让他感受到求知的快乐。满招损，谦受益。任何一个专业都学无止境，都看不见顶峰，再勤奋好学的人，一辈子沉潜其中也无法穷尽。

大学给了邓植仪历练人生的机会，培养了他一丝不苟、求真务实的治学精神。1914年，全心钻研专业的邓植仪，以优异成绩在威斯康星州立大学农学院取得了硕士学位。他是威斯康星州立大学农学院该学科首位取得硕士学位的中国留学生。接过烫金证书的那一刻，邓植仪心潮起伏，激动万分，求学的甘苦一齐涌上心头。

在校4年，邓植仪给导师留下了深刻印象，他的专业非常优秀，多篇论文刊登于威斯康星农事试验场杂志，并获土壤学金奖。

导师埃米尔·杜鲁格(Emile Troug)对邓植仪非常赏识，这位后来成为世界著名土壤学专家的美国教授，独具慧眼，他发现这位中国留学生身上有着一种与众不同的倔强气质。他希望继续培养邓植仪这种可造之才，并且准备让他留校工作。当杜鲁格导师征询邓植仪意愿时，邓植仪百感交集。在世界知名的学府里，能得到导师的赏识，这是人生中最大的荣誉。邓植仪一边感谢导师，一边道出了他的心里话。他说："我当初选择赴美留学就是想报效自己的祖国，因此，毕业后一定得回国工作，这一点在留学之前就已经做出了不能更改的决定。"

他还告诉导师，自己连出国留学的费用都是亲朋族友支持的，现在学到了一点粗浅的知识，更要知恩图报，不能翻身忘本……

听完邓植仪的回答，导师脸上出现了惊讶的神情，以为这黑头发、黄皮肤的穷学生脑子一时糊涂了。从教以来，他见过太多的留学生了，不管来自哪个国度，无不希望长久留在美国，在这里工作生活，谋求发展。

导师以为邓植仪和其他学生一样，当获知自己能留校工作时，一定会手舞足蹈，欣喜若狂。可事情恰恰相反，完全出乎导师意料，当他告诉邓植仪可以留校时，邓植仪竟然异常平静，平静得没有一丝一缕的波澜。在

这种重要的关口，一般人都会难以决断，可是邓植仪几乎没有过多地考虑便婉谢了导师的美意，他毫不犹豫就放弃了这种一生难遇的良机。

对于自己的抉择，邓植仪心里明镜一样。如果留校工作，从此将过上优越的生活。在美国工作有一流的环境，更利于自己的科研，在学术上会有更大的成就。但当初千辛万苦，远渡重洋，赴美留学，他的初衷并非贪图个人享受，谋取学术桂冠。他始终牢记自己是前来学习美国先进的农业技术，寻求"科学兴农"的办法，改变我国封闭落后的农业现状。只有返回家乡才能实现振兴农业的梦想，才能实现最初的愿望。

对于邓植仪学成归国的选择，出乎导师杜鲁格的意料，他深表遗憾，随后他又表示理解和赞赏。在他教过的学生中，像邓植仪这样有骨气的并不多。临别时，杜鲁格特意赠送一张照片给邓植仪作为纪念，并在照片后亲笔签名，祝愿学生回国后工作顺利，事业有成！

1914年秋天，邓植仪开始作回国准备。深秋的校园枫叶如火，天空湛蓝。他像一只回迁的大雁，背起行囊，与师友们话别。终于踏上回乡之路了，母校在身后越来越远，他带着满腔热忱回到了久别的故乡。

4年时光虽然不算太长，但孩子们的个儿都长高了不少，见到突然冒出个父亲，陌生拘谨中显得很意外，特别是女儿，问她话时一直低着头，那双大而明亮的眼睛不停躲闪，小脸蛋红扑扑的，非常腼腆。再看父亲也苍老了不少，妻子的额头出现了皱纹。4年里自己远在异国他乡，家庭的担子全落在妻子肩上，邓植仪回想起来非常内疚，于是在心里发誓，一定要努力工作，回报亲人。

远行回乡，与亲人团聚，邓植仪享受到了天伦之乐。连日的旅途劳顿，本该在家里休息一段时间，可想到肩上的责任，他就变得急迫起来。既要施展抱负，又要偿还亲友的借款，所以他不敢在家里逗留太久，稍作停顿就开始联系工作。

1915年，邓植仪供职于北平中央农事试验场，由于工作的性质，初期需要四处奔波，生活上几乎居无定所。但无论走到哪里，他都将恩师的照片带在身旁，置于书柜或案台。每当情绪出现波动、工作感到压力、生活遇到困难时，他就会端详那张照片。照片上白皮肤、高鼻梁、黄头发的导师面带微笑，目光灼亮，充满期许。虽然他远在大洋彼岸，但感觉随时站在自己身边。回想导师临别时的赠言，邓植仪身上就会增添一种动力，就算遇到再多的困难，受到再大的打击，也会勇敢地去面对。

邓植仪对母校一往情深，离开美国，尽管与导师遥隔千山万水，但师生之间的纯真情谊，没有因距离而隔断，一直书信往来，彼此挂念。在频繁的交往中，邓植仪不但与导师加深了了解，增进了感情，同时还能获得母校最前沿的学术信息。

邓植仪后来在国立中山大学农学院任教时，将学生简浩然送往威斯康星州立大学深造。简浩然不负厚望，刻苦求学，成为我国著名的微生物学家，环境微生物学科奠基人。

5

1914年，第一次世界大战爆发，日本借口对德宣战，攻占青岛和胶济铁路全线，控制了山东省。7月8日，孙中山在日本召开中华革命党成立大会，孙中山出任总理。国内的政治气氛由此发生了新的变化。

作为一名留学归来的知识分子，回国后邓植仪内心异常焦急。当时国内政坛不稳，社会事业停滞不前，腐败黑暗日益暴露，操守美德几近沦丧。为了施展自己的才华和抱负，他坚信教育是振兴民族之策，是富民强国之本。在职业的选择上，他知道自己该干什么，不该干什么，希望远离政治，放弃入仕为官的机会，极力发挥自己所学之长。

1915年，邓植仪到北平中央农事试验场任土壤化学师，足迹踏遍大江南北。1916年，任湖南公立工业专门学校解析化学教员，同时还在湖南高等师范讲授矿物学。由于具有扎实的专业知识和认真的教学态度，他很快受到教育界青睐，并被聘请到南京高等师范学校农科任教。

南京高等师范学校作为南京大学前身，当时名师云集，仅农科就有植物病理学教授邹秉文、昆虫学教授张巨伯、农具学教授李炳芬等。能够进入南京高师农科任教者都是出类拔萃的精英。如祖籍苏州的邹秉文，与邓植仪有着相似的求学背景。1915年邹秉文毕业于美国康奈尔大学农学系，是我国植物病理学教育先驱。1916年回国，历任金陵大学、南京大学教授，中华农学会会长。他多渠道筹资建立中央农业实验所、棉产改进处、烟产改进处及中国第一家化肥厂。抗战胜利前后，出任联合国粮农组织筹委会副主席、农林部驻美代表，1947年辞去民国政府本兼各职。1956年冲破重重阻挠，自美回归祖国，担任中华人民共和国农业部和高教部顾问，直至1985年92岁高龄去世。他是中国近代农业科教事业的先行者，享誉国内外的著名农业问题专家。

还有出生于广东鹤山的张巨伯，系我国著名的农业昆虫学专家、农业教育家，中国最早的农业昆虫学教授之一。他培养了我国第一批农业昆虫专业人才，奠定了我国昆虫学基础，对推动我国病虫害防治技术作出了重大贡献，是我国昆虫学术团体的创始人,曾任国际昆虫学会副主席。1951年，他担任中山大学农学院病虫害系主任，因罹患肺癌，医治无效，在北京不幸去世。

那个时候，一大批与邓植仪经历相似的农学精英，正值年富力强，他们在教坛上同携共进，在生活中互相关怀，对中国现代农业的前景充满信心。

1920年，邓植仪32岁，已过而立之年的他，思想更趋成熟。此时一种强烈的使命感驱使他在教学之余，寻找一个更适合自己施展才华的舞台，寻找报答家乡的机会。没想到一转眼机会真的来了，在接下来的岁月里，虽然一路风雨，没有停歇，但广东农林试验场、广东农专成为邓植仪人生、事业的试验场，成为广东现代农业的纪念碑。

具有特殊历史意义的广东农林试验场，看似默默无闻，但是作为国立广东大学农林科、中山大学农学院、华南农业大学的前身，它对广东现代农业产生了重大影响，它与国民革命运动的联系比黄埔军校还要早。

1923年1月4日，孙中山通电讨伐陈炯明，并令许崇智、黄大伟、李福林等部由福建进攻潮汕，令杨希闵、朱培德的滇军及刘震寰、沈鸿英的桂军取道梧州入粤。1月9日，滇桂讨伐军攻克肇庆，10日攻下三水，16日占领广州，陈炯明率部逃往惠州。此时，各军将领纷纷电请孙中山迅速回粤统筹大局。2月15日，孙中山与陈友仁等6人从上海乘"杰斐逊总统"号邮轮启程回粤。2月17日抵香港；21日上午乘早班轮"香山"号离港，下午3时到达广州，下榻广东农林试验场。

3月2日，陆海军大元帅大本营在广东农林试验场正式成立。大本营是孙中山第三次在广东建立的政权，是最高的军政权力机关，也是广州民国政府的前身。该机构最初就设立在广东农林试验场内。

5月15日，孙中山参加完辛亥黄花岗起义一周年纪念日活动，归途时，进入广东农林试验场参观，并与该场负责人畅谈农务。孙中山谈到要改良道路，免肥料入口税以利农民，改良种植、选取良种、奖励园艺果树种植等问题，还在试验场栽下一棵橡胶树作为纪念。

当年广东农林试验场位于远郊，属偏居一隅。后来广州城市的发展规模以几何倍数递增，现在往来于原址，不敢想象，在这里数十年内已经变成了车水马龙的农林东路、农林下路，以及中山一路和环市东路。清代末年，这里异常荒凉，是广州东郊偏僻的荒丘烂地和坟场。1909年，一批华侨人士与学成归国的留学生，怀着报效祖国的赤诚之心和开拓精神，以求真务实的科学态度在广州创办了农业试验场。当时得到了爱国华侨实业家、张裕葡萄酒厂创始人张弼士的大力支持，由留学美国的农学博士唐有恒主持，创办了广东农事试验场，后改名为广东农林试验场。

现在出入于高楼林立、车马喧闹的农林路，已经无法想象百年前这里的山林气息与田园清风。当时广东农事实验场在远郊，现在广州农林路一带，试验场内栽种着碧绿的蔬菜、鲜艳的花卉和橙黄的果树。旁边还设有蚕桑、畜牧、蜜蜂试验区。在这里马铃薯最先被引进广东，还有现在遍布岭南大地的细叶桉，也是最早在农林路试验区中培育出来的树种。试验场在农业科研实验和品种选育上，开辟了试种选育的先河，同时还建立了气象观测所，掀开了广州现代气象观测史的第一页。

搞科研的人，渴望一个宽松的环境，一种良好的氛围。我们可以想象，离开南京高师，邓植仪心中自然有一种不舍之情。名师云集的南京高等师范学校，学术氛围空前浓厚，新思想、新观念，自由碰撞，火花飞溅。在这样的学府里工作可以说"谈笑有鸿儒，往来无白丁"，有利于教学和科研的开展。可是而立之后，邓植仪发现自己思乡日浓。另外最终促成此事的还有一个重要原因。1920年5月，邓植仪的同窗好友杨永泰，由广东省财政厅厅长升任为广东省省长。杨永泰上任后很想有一番作为，到处网罗人才，在发展农业方面，他想到的第一个人就是同窗邓植仪。于是他以友情为突破口，用乡情作召唤，郑重地邀请邓植仪回粤工作，为家乡建设出力。

杨省长一番表白，表明了他思贤若渴之心。接下来又有几次盛情的邀请和承诺，邓植仪有点动心了，他发现杨省长的想法与自己不谋而合。虽然在南京高师农科的教学成绩屡获好评，但他还是渴望回到家乡，造福桑梓。特别是杨永泰承诺全力支持农专和农林试验场的发展，增拨经费，放权给他，更加坚定了他回粤工作的信心。

离开南京前，邓植仪决定绕金陵古城巡游一圈。虽然在南京工作了几年，但惜时如金的邓植仪从没有认真去逛过一次街市。南京对他来说，还是陌生的，因此，在离开时他想仔细看看这座古城。

穿过繁华热闹的夫子庙，跨过秦淮河上的文德桥，顺着风韵犹存的媚香楼缓步而去。前行数百步，猛一抬头，眼前赫然出现一条古旧的巷子。尽管巷子狭窄而短促，但巷内泛着岁月的幽光。细看地面，一层鱼鳞似的青砖铺满巷道，一块一块，排列有序，密集厚重。投身农科的邓植仪，一时竟忽视了这条看似普通的小巷，其实有一个如雷贯耳的名字。当"乌衣巷"三个字脱口而出的时候，顿感华彩夺目，天地一片灿然，眼前的一砖一石都变得不同凡响起来！那铺在地上的不再是普通的青砖、麻石，已成为历史的镜像。砖面上留下了王导、谢安、王羲之、王献之飘逸的足迹。淝水之战的荣光，书法史上的绝世奇迹，都已沉淀在这条荒寂寥落的巷子中。

"朱雀桥边野草花，乌衣巷口夕阳斜。旧时王谢堂前燕，飞入寻常百姓家。"刘禹锡的怀古幽思绵延不绝，让后来者在诗中感受凄美追怀的意境，用想象凭吊秦淮河上的朱雀桥，怀想乌衣巷中的繁华鼎盛。转眼残阳西坠，野草丛生，时光的更替无不让人感慨万端。沧海桑田，世事多变。那一刻邓植仪有点恍惚起来，感觉诗中的意境与自己的心情达成了某种暗合。一个甘愿对农业、对土地、对教育倾注毕生精力的学者，冥冥之中，是否参透了什么？是否有先知先觉的预见？17年后，丧心病狂的日寇，在这座被称为石头城的六朝古都，上演了一场惨绝人寰的大屠杀。屠城的罪恶刻进了石头的深处，同胞尸骨遍野，血流成河，30万冤魂成为永世的噩梦……

告别南京，邓植仪回到了家乡，再次听到满耳的粤语乡音，整个人像一株迎春的植物，青翠起来。家乡的一山一水、一草一木都显得那么熟悉和亲切，他感觉自己终于登上了一方崭新的舞台。

1920年6月，邓植仪走马上任，成为广东农林试验场场长、广东公立农业专门学校校长。上任伊始，邓植仪就进行了大刀阔斧的改革，首先要求省府将驻扎在农专校内的军队撤出校园，同时在试验场增设调查科，组织开展广东分县农业概况调查。邓植仪认为，搞农业科研不能闭门造车，纸上谈兵。首先必须搞好实地调查，掌握大量一手资料，做到了如指掌，才能合理指导，有的放矢。

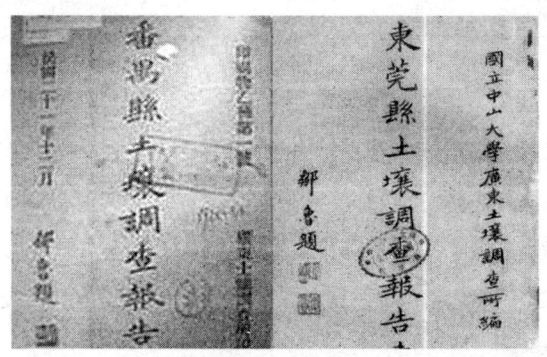

▲番禺县土壤调查报告书、东莞县土壤调查报告书

为充实调查队伍，增加新鲜血液，同时也为了给学生提供实践锻炼的机会，1920年秋天，邓植仪从第一届农专毕业生中选调了12名优秀学生，正式聘任到农专和试验场工作，分别担任资料编辑和调查员。

分县农业概况调查在邓植仪的精心安排下很快启动，由著名农学家利寅为主任。9名成员分别深入各县，对地理、地势、气候、耕作状况和农民经济状况，作物、果树、畜牧、森林、荒山、荒地、特产及输出品、农村教育等方面逐项调查并提出改进意见。他们先后调查了惠阳、博罗、南雄、佛冈、潮安、揭阳、澄海、罗定、茂名、信宜、化县、海康、徐闻、感恩、琼东、琼山、定安、儋县、陵水、昌江、崖县的农林概况。调查了顺德、南海、香山、东江等10县的蚕桑概况。另外还调查了番禺、增城、东莞、中山等县的糖业概况。

1921年，在俄国十月革命的影响下，中国共产党正式成立。回顾时代的变迁，中国先进的思想文化是近代中国先进分子寻求现代之路的思想印记。从鸦片战争到五四运动，先后形成了师夷、农民革命、洋务自强、维新立宪、共和革命、科学民主六大思潮。邓植仪虽然没有入伍征战，但他以另外一种形式，在农林试验场进行了一场实业革命。

广东农林试验场的成功改组，形成了现代科研机构的雏形。首先增设推广科和研究科，下设作物课、园艺课、蚕桑课、畜牧课、化验课、森林课、病虫害课、兽医课。

为节省教学经费，统筹开展科研活动，研究科的技术人员大多兼任调查科调查员。为更好地进行农技推广，邓植仪亲自兼任推广科主任，编印通俗易懂、文字浅显的农业科普资料，免费发放给农民。农技资料既有实用性，又有趣味性，只要稍能识文断字，都能从图文中看懂内容，理解意思。

当时乡村治安混乱，土匪横行，战事频繁，但邓植仪仍然亲力亲为。他带领推广科职员，深入边远农村进行农技推广活动，即使在粤桂战争最激烈的时候，仍然没有停止推广。

邓植仪知道，越是战乱频繁的时候，越容易引发饥荒。春争日，夏争时，在农事上如果错过一个季节，土地就会抛荒一年。

试验场技术人员，一边推广示范，一边研究开发。留场工作的调查科成员，由利寅牵头，研究一些值得推广，农民又易于接受的成果。如当时试验场培育了易于管理的水稻品种，选育出成熟期最短的16个品种，以便农民选择种植。为提高土地利用率，保持肥力，提倡水稻和其他作物进行合理轮种。经播种试验，发现蚕豆和水稻的轮种可以提高单产，增加收成，而且使用的肥料比单独种植的还少。

可以想象一下，处在战乱年代，当年广东农林试验场的工作环境有多么恶劣，新生的农技推广工作有多么艰难，出入田间地头要冒着生命危险。在如此艰苦复杂的条件下，邓植仪没有保求安稳，闭门书斋。他带领农科人员，顶着炮火硝烟，倾情农业，与老百姓同呼吸，共命运。这种敬业奉献的精神，不仅在当时成为一种鞭策和鼓舞，而且经历了90多个春秋之后，今天依然是一种稀有的精神资源，像一束刺破夜空的强光，照亮了大地，催人警醒，引人深思！

我不是有意贬低某些学人，审视现在的教学科研机构，从内到外的条件有多么优越，可是一些头顶光环的教授、学者，却追名逐利，贪图享乐。要么沽名钓誉，游走江湖，不务正业；要么闭门造车，拼凑论文，剽窃成果。回想前辈学人，他们守身如玉，安贫乐道，心系家国，面对他们的高贵精神我们该作何种感想？该如何去检讨反思？他们的身体虽然瘦弱，但腰杆挺直，骨头硬朗。他们懂得情怀操守的培养，品格气节的发扬。

6

为了推广现代农业，巩固和发展广东农专的教学科研，邓植仪不惧权贵，为学校的利益，为教学发展，据理力争。1921年他坚决要求陈炯明将驻扎在农专的军队撤出，交回占据的校舍，恢复学校的教学管理秩序。同年向省长公署要求将50亩试验场地拨归学校，作为学校实践试验用地，支持学生组成"筹款建筑委员会"。

1932年春夏时节，虎门要塞司令向中大农场索要一批树苗，校长邹鲁已经函准。如果是一般人，不仅会照令执行，而且还会附上一些肉麻的阿谀和讨好，可是邓植仪这位清瘦的书生却敢面对权贵说"不"。一个细雨纷飞的早晨，奉虎门要塞司令之命的几个士兵，驾着军车风风火火地来到了农场。他们开始是一副耀武扬威的派头，说是司令让他们前来拉运树苗。

邓植仪知道这些人平时都是蛮横无理的，秀才遇上兵，有理讲不清。在这些兵油子面前来硬的肯定不行，为了保护中大农场的利益，邓植仪认为不能破这个例，于是他想出一个巧妙的办法。

他客客气气地把几个士兵带到休息室，给他们递烟、端茶。抽完烟，喝完茶，邓植仪佯装带他们去参观。来到礼堂，他指着墙上孙中山先生的题字和画像说："中山大学是孙中山先生亲自倡导创办的学堂，向来受到社会各界的支持和爱护，建校以来，学校的人员和财产都受到特级保护，连蒋委员长也多次题字批示。今天你们来取树苗，我们当然会尽力支持，但农场家底薄，树苗培育出来需要花费大量的人力物力，成本不小，所以我们只能有偿提供。"

邓植仪说完，发现几位士兵脸上的神情变得严肃起来，于是又委婉地解释："农场刚刚起步，经费方面捉襟见肘，实在是不好意思，如果各方都来免费索要树苗，那将难以承受，农场很快就会垮掉。万望长官们理解难处，我们确实是心有余而力不足……"

几个士兵见温文儒雅的邓先生态度诚恳，一脸愁苦，也不好为难他了。带队的班长只好与邓植仪商量，最后以八折优惠出让了一批树苗。搬运树苗时，几个士兵心里很不高兴，可是又找不出拒绝的理由，只好如数支付了树苗款。

1933年4月，陈济棠任广东军事政治学校校长，亲函邓植仪，索要一批花木树苗植于校内，且以命令式的口吻要"免费照拨"。面对这样的指令，邓植仪万分无奈，在不能直接拒绝的情况下，他回复陈济棠：农场花草苗木不多，只有22种花木可供选择。为了留下那些珍贵苗木，邓植仪宁可冒着顶撞冒犯官员的风险，尽力维护农场利益，就像鸟儿爱护自己的羽毛一样，爱护农场的一草一木。

邓植仪先生无私刚正的品行让我想起我的乡贤——中国著名植物学

家、陈寅恪先生侄儿陈封怀的故事。1934年,庐山植物园建立,这是我国160个植物园中的第一家。作为著名的植物学家,陈封怀更像一名出色的画家,运用高妙的山水写意,在庐山建造了一处西式园林。开阔的草坪,弯弯的小径,体现出天人合一的自由之思想。

美丽的环境孕育了人们的爱美之心。抗战胜利后,心情大好的宋美龄想让美庐变得更美,她玉手一挥,派人前往庐山植物园挖树苗。蒋夫人看中的是一株红枫,平常之物自然不会入她的法眼。

那天事不凑巧,树没有挖成。正在植物园巡视苗木的陈封怀发现有人在挖树,他急忙奔了过去,并一路喊着,大声阻拦。奉懿旨挖树的人目空一切,正挖得兴起,把陈封怀的话当成了耳旁风。陈封怀见他们不予理睬,扑上来夺下他们的铁锹、锄头。挖树的工人见他极力护树,于是站起来,非常傲慢地说:"我们是受蒋夫人派遣,你不同意挖树找蒋夫人说去!"

他们以为说出蒋夫人的名字会把陈封怀吓住,好让他主动退让。谁知陈封怀像头犟驴,不仅没有退让,反而更加坚决。他说:"不管你是谁,这株红枫都不能挖走,它是植物园引进的科研标本,是植物园的财产,母仪天下的蒋夫人更应该带头保护!"

来人见陈封怀态度如此坚决,只好空着手回去禀报。听说红枫不能挖,后来蒋夫人又想从植物园移走一株古树。陈封怀对来人回话,说这古树已经老迈孱弱,根系萎缩,更不能移动,如强行移栽过去,古树十有八九会枯萎死亡,那样对外界来说也不好交代,对植物园来说损失更大……

接连碰了两次钉子,宋美龄心里十分不爽。在此之前,蒋夫人曾领教过陈氏不向权贵低头的个性。1932年9月,松门别墅迎来了散原老人的八十大寿,一时群贤毕至,师生咸集。同在庐山的蒋介石闻讯派人恭奉寿金,然而松门主人坚辞退回,不愿接纳。这是一个有个性、有气节的知识分子家庭,平时从来不依附权贵。他们永远保留独立之精神,自由之思想,只做自己想做的事。

1922年，在全校师生的共同努力下，募集捐款筹建校舍，终于在石马岗建成一座集教学、科研、办公、教职工宿舍为一体的多功能综合大楼，使农专拥有固定的教学场所和教学实践基地。

农专的工作可说是千头万绪，困难不少，邓植仪接管农专后，认真梳理，先易后难，逐一解决。

想办好教育，首先就得抓好生源。为确保各地输送合格生源，他请求省长训令各县知事，按照农专的入学资格选送1~2名学生入学，并由各地公款酌给川资，以保证被遴选的穷苦子弟能顺利上学。

邓植仪担任校长期间，严格执行招生规章，无论亲友、官员，还是普通百姓，对他们的子弟均一视同仁，从不搞人情关系，就连他的亲侄儿也一样，没有半点情面可讲。他坚持公开公正、择优录取的原则，学校从上至下，严防腐败，同时接受社会各方监督，整个招生过程风清气正。

1923年，为提高农专师资力量，与南京东南大学农科、北京农业大学协商，共同签订三校交换教授和学生转学等合作协议。先后聘请欧华清、张天才、邝嵩龄、缪任衡、沈鹏飞、戴芳澜、黄国华、黄枯桐等知名学者到农专任教。这些教授后来均颇有建树，大都成为国立中山大学农学院的骨干教授或学科带头人。最让人感动的是，农专教职工在政局动荡、风雨飘摇的年代，仍然心无旁骛，与邓植仪一起坚守教学岗位，与全体师生一道共克时艰。

邓植仪凭着高尚的人格魅力，影响和团结了全体师生，一批教师跟随在他身边，不离不弃。直至被挤逼到石马岗简陋的校舍里，拖欠薪水长达四五个月之久，连基本生活都难以维持的状况下，大家仍然坚持教学和科研。

为了筹建校舍，教员们全力以赴，面对薪水拖欠、报酬不高、生活艰

难的境况，大家节衣缩食，捐出一个月薪水，作为建设新校舍的款项。

当时广东由陈炯明主政，他向邓植仪提出举办第二次农业展览会，陈炯明亲自担任会长，责令广东农林试验场具体筹备，任命邓植仪为筹备处主任。

历史走到今天，我们可以更加客观地去看待一个人的行为。陈炯明主政广东时，从他关心民生、重视农业的一些细枝末节来看，当时他还是有所作为的。

1878年出生在广东海丰的陈炯明，一生充满悲情色彩，在中国近代史上是一个颇具争议的人物。在国民党施行"党化教育"的历史中，他被斥之为"叛徒"和"军阀"。而事实上，他参加了辛亥革命及著名的黄花岗起义，参加了护国讨袁和护法运动，尤其主政广东期间，建设广府、严禁烟赌、致力教育、发展经济、提倡新文化运动，使当时的广东成为全国的"模范省"。

那个时代的农展会有一种开启时代新风的意义。展会筹备期间，香山黄旗都农会拟派员前往展览会学习，该会专门向陈炯明上书请求批准会员孔季鳖、关克毅、杨炯、孔泮庵参加会展学习筹备工作。其理由是"借全省之经验为敝会（黄旗都农会）之导师，庶异日举行地方农品展览会不致茫无涯矣。此系为促进地方农林事业起见"。

陈炯明应香山黄旗都农会之请，向邓植仪发出公文，准允该会4人参加展览会的筹备工作。邓植仪办事一贯认真，为把农业展览会办好，他废寝忘食，日夜奔忙，查找资料，拟订方案，物色人员。不管任何时候，举办大型展览，都离不开经费的支持。邓植仪事先起草了详细的展览会方案和费用预算表，以1917年第一次农业展览会为例，要求省府下拨专款作为展览会经费，再行文省财政厅落实经费。筹备过程中如发现经费不足，可再申请当局补足，在经费方面保证展览会顺利进行。

为了使展会办出规模、办出成效，筹备处向省内岭南农科大学等农业学校、省市县各学校、各县知事、涉农机关、各商行发出征集展品或提供展品展览的公函,在报章上刊登征集展品的广告。

邓植仪动员农林试验场和农专师生职员积极参与展览会的筹备工作,学生类似于现在的义工和志愿者,不取报酬,提供服务。为了壮大展览会声势,宣传推广展览会的消息,邓植仪向军方借来马匹、向香港先施公司借来两匹骆驼,放置在展览会最显著的位置,以吸引参展者眼球。经过广泛动员,展览会共征集到七八千件展品,后来除因省港大罢工,部分水乡的展品未能及时送达现场之外,不少县份都送来了展品。

展览会成立了审查部,审查展品和进行评比以便进行奖励。由于事先有周密的部署,为展览会的召开提供了充分的保障。

1922年3月1日,广东第二次农品展览会在广州石马岗农林试验场隆重召开。开幕式上,省长陈炯明、参议院长林森、国民党要员汪精卫、省财政厅长马育杭、岭南大学校长钟荣光、女子师范学校代表先后致辞和发表演说,邓植仪简略报告了展览会筹备过程以及目的和意义。

展览会期间,安排了多场学术演讲,汪精卫首先作了《广东丝业之前途》的演讲,论述与广东经济密切相关的丝业改良的重要性和改良办法。

▲1922年广东第二次农品展览会全体工作人员合影

廖仲恺作了《农政与农业团体之相互作用》的演讲，提出国家要注重农政制度的建设和农业教育的发展，以及需要农民自发组织起来，成为介于政府与农民间之传导机关，农政方得施行。留美归来的畜牧兽医专家、畜牧企业家彭利演说如何预防猪瘟。熟悉海南的区濂先生演说《琼崖农业状况》，介绍了海南丰富的自然资源以及海南农业状况。农学家傅保光演说《农产制造》。最后大会选出了获奖展品，获奖者700余名，占参展产品的十分之一，其中208名获最优等奖，获奖者有农会、企业、农场、学校、个人等。

展览会结束后，邓植仪还将展会的文件汇集成《广东第二次农品展览会报告书》，对第二次农品展览会整个过程进行了梳理和总结。邓植仪在报告书的后记中提出"刷新农业之方法，原有三大端：曰教育，曰试验，曰推广"。他认为农品展览会是农业推广的新方式，第一次概述了农业推广的方法和内容。展览会的成功举办，为宣传农业改良，推广现代农业起到了很好的作用。

也许有些经验是可以借鉴继接的，谁能说90多年前邓植仪主持的广东农品展览会，与创办于1957年"广交会"没有内在的联系？其实诸多事例证明，后人所获的成功都是因为站在了前人的肩膀上。

邓植仪很早就意识到农业是一个综合的整体，不能有任何偏废。1921年邓植仪派员调查广东蚕业，发现"广东共有蒸汽缫丝工厂不下150间，每年生丝出口价值逾万万元。其利之宏，足以左右全省金融"。为了引起陈炯明对蚕业的重视，1922年邓植仪呈文陈炯明，请求政府重视蚕业推广，并附上农林试验场技术人员进行调查之后所撰《广东蚕业调查报告书》120份，分发各县，作为蚕业推广的参考资料。陈炯明收阅邓植仪呈达的请示后，于1922年3月4日发出《饬各县县长查收参考蚕业调查报告书令》，命令各县县长按照调查报告书所述的方法酌行蚕业试验。

当时广东政局不稳，1922年，陈炯明因与孙中山政见不一，反对北伐，被孙中山免去广东省省长、粤军总司令、内务部总长三职,结束了他短暂的主粤生涯。所以当时根据邓植仪的呈文所下达的训令由此变成一纸空文,真正按照省长训令落实邓植仪建议的县份极少。一个振兴蚕业的计划被迫流产。

这是邓植仪从事农业工作以来,第一次意识到农业的兴衰与政坛的密切关系。政局不稳,农业难兴。只有建立独立行使的机构,建立全省性的实业领导机关,才能推进实业与教育的共同发展。

当时财政空虚,广东当局不但不能按照邓植仪的设想推广农林业,而且在1922年还将试验场全部田产抵押给广东省银行,获贷30万元。后来因为无力偿还贷款,只好颁布广东省长公署民国十二年469号训令,卖断农林试验场场地给广东省银行。这一消息在农林试验场上下引起轩然大波,广东农林试验场当即派出代表前往省长公署和省财政厅交涉,并往广东省银行进行抗议。

试验场教职员与广东农专学生,发表宣言,呼吁社会各界声援试验场,以集体名义先后发布了《读省署第469号训令书后》《反对变卖场地宣言》《本场之重要及对谰言之解释》等文告。这些文告列举了大量事实,以详尽的事例证明试验场对广东乃至全国现代农业的示范作用。而政府对试验场不断挤压,拖欠经费,在场内驻扎军队,设置军政府和司令部,农场变成练兵场,使试验场的发展大受影响。

试验场和农专师生不停抗议,四处奔走,但当局无心顾及,农业对当权者来说显得无足轻重,因此没有一分一厘款项拨给农林试验场。1924年1月,在一系列的努力无效之后,当局还是将广东省农林试验场解散撤销。

农林试验场撤销后,财产和人员并入农专。这段刻骨铭心的经历,《农声》创刊号有详细记载。《农声》是广东农专学生会创办的一份会刊,编辑、发行都由学生负责,办刊的宗旨是将农业科研成果介绍给农业界,向农民

兄弟推广农业科学知识。学生活动积极分子在《农声》上发表维护农专利益、关注农业教育、关注农民与农村现状的评论，回答农民兄弟提出的农业科学方面的疑问，在社会上产生了极大的反响。以邓植仪为中心的农专学者，大力支持刊物编印，在《农声》上发表高水平的论文，为《农声》增色，使该刊成为农民的知心朋友。

农林试验场虽然名称消失，但它像一滴水，没有蒸发，而是汇入到农专这条河流。试验场工作人员以农专教师的名义保留下来，而且农专的附设农场，也就是原农林试验场的场地，只是约五分之一被拍卖，被拍卖部分政府在其他地段给予补回，所以试验场50亩土地仍然得以保留。这50亩土地后来成为国立广东大学——中山大学农科的第一农场。而且，1923年7月，广东省政府下文，广东地方农林试验场及附设观测所，所属各区苗圃，改归学校办理。而且所有省政府历年指定之造林地，如南华山、鼎湖山、白云山等处，共有面积3万亩以上，以及划定罗浮山之试验场所，面积3000亩，均由农专规划进行。邓植仪用他过人的智慧为广东农专开辟了一片新天地，为广东现代农业教育指明了方向。

邓植仪对故乡一往情深，归国后常怀感恩之心，想尽办法回报父老乡亲。

他深知是家乡这片肥美的土地养育了自己，尤其是亲朋好友对他的支持和鼓励，更让他没齿难忘。当初能走出国门，留学美国，全靠他们帮助。重返家乡后，他谨记滴水之恩当涌泉相报的训言，时刻想着怎样为家乡做点有益的事情。由此改变农村面貌、振兴农业成为他最大的心愿。

1931年至1935年期间，邓植仪曾3次前往家乡东莞桥头周边考察，特别关注潼湖的水利情况，对开发、改造、有效利用潼湖水利提出了很好的意见和建议。可惜战乱之期，时局不稳，邓植仪一些很好的建议未能付诸实施，成为他心底永生的遗憾。

第三章 躬耕教坛开辟先河

7

把我国的农业经济放至全球化的视野中去考量，也许大多人还不知晓我国农业正处于一个怎样的阶段，达到了什么样的水平，究竟该沾沾自喜，还是深感紧迫。

2012年，中国科学院中国现代化研究中心发布了《中国现代化报告2012：农业现代化研究》。报告指出：农业现代化已经成为中国现代化的一块短板，截至2008年，中国农业经济水平比美国落后约100年。中国农业现代化起步大致时间是1880年左右，同样要比发达国家晚100年。如果以农业增加值比例、农业劳动力比例和农业劳动生产率三项指标计算，2008年中国农业水平与英国相差约150年，与美国相差108年，与日本和法国相差100年，与韩国相差36年。

由于我国农业现代化起步较晚，无论在速度、规模还是效益上，与世界现代农业均存在很大的差距，我国的农业现代化建设之路还十分艰巨。中国农业现代化道路无法照搬西方国家的经验，必然带有中国国情的独特印记。人多地少、资源短缺、经济欠发达、发展不均衡等一系列现实问题，决定了我们既不可以复制国外经验，也不可能创立独有的模式。先进与落后，集约与粗放，开放与闭塞，甚至幸福与煎熬，往往同时呈现在乡村大地。对于人多地少的客观事实，如果我们没有农业的现代化，就没有国家的现代化。

改革开放以来，我国的农业经济发展迅猛，取得了举世瞩目的成就。新中国对世界最大贡献是用不足世界10%的耕地，解决了占世界22%的人口的温饱问题。回首走过的百年历程，在农业现代化发展之路上，凝聚了多少代人的辛勤汗水！踏着这些耕耘者的足迹，我们可以看到他们镌刻在广袤大地上的群体雕像。

一个有所作为的人，他对时代的推动、对后世的影响绝不是昙花一现的瞬间，而是一条奔腾的河流，具有恒久的生命力。邓植仪对中国的农业现状异常清醒，他超常的远见卓识，让我想起当下乡镇基层提倡培养的全科医生。在乡村卫生所，由于受规模条件的限制，不可能配备内科、外科、儿科、妇科、五官科、检验科、放射科。患者上门求医，要求医生具备诊治各类常见病的能力，不能说学妇科的，儿科看不了；学外科的，内科看不了。最基层的医疗服务所，虽然规模很小，但麻雀虽小，五脏俱全。一个医生是否触类旁通，面面俱到，能否具备综合处置各种疾病的能力，能否成为多面手，这一点在乡村医疗机构至关重要。

邓植仪正是以这种前无古人的先见之明，在20世纪20年代就着力培养复合型农业人才。他对我国农业教育的普及，有着点穴式的定位。

在教学实践中，他没有从个人的喜好出发，局限于某一个兴趣点或专业，而是用前瞻性的眼光，以大农业的视野去发展现代农业。他从土壤、气象、水利、林业等方面夯实农业的根基，带领广大师生选育良种，对水稻、甘蔗、蚕桑、棉花、畜牧、养蜂、果园、苗木进行栽培试验，对我国现代农业的发展做出了卓越贡献。他掌管广东农专期间，充分利用教员的集体智慧，实行教授治校。学校由教授组成行政委员会、财政委员会、预算委员会等机构，无论是教学还是管理，均推行民主制，教授会议通过的决议，校长必须全部执行。

邓植仪根据国情，灵活吸收西方的现代教育经验，大胆借鉴国外知名农业院校的教学模式，改造广东农专。他深知教学必须关注当下，面向未来，为此邓植仪非常重视学科的建设，他认为农专的学科不仅要设置齐全，而且更需要有效和实用。

邓植仪视教育为神圣的事业，它让肉体焕发精神的光芒，苏格拉底说这是教育的责任。教育必须启蒙、点亮心灯，让光投射到远处，驱散蒙昧和黑暗。所以康德说"教育便是面向未来"，他指出，我们首先要有善好的观念，然后让受教育者相信，尽管困难重重，这个善好是可以实现的。为师者身上处处体现了师道尊严。

1923年5月创刊的《农声汇刊》记载，当时邓植仪建议农专学系设置为农艺、园艺、蚕桑、农业化学、森林、病虫害六系。而黄枯桐教授则认为应分为八系，林学分森林生产系、森林经营以及林政三系。邓植仪认为黄枯桐的方案更趋合理，于是接受了他的建议，将林学系分为三门，此后林科成为农专最重要的学科之一。

1923年邓植仪推行学制改革，学生在入学第三年开始，实行选科制和学分制，4年共148分。随之取消预科，改为本科4年制。借鉴西方农业大学的课程，强调教学与实践相结合，注重基本技能的训练，把实习与实验独立设课。从一年级到三年级，每年开设农场实习课，注重理论联系实际，让学生走入田间，深入一线，熟悉耕作的流程。通过春种秋收、瓜果满园的场景来吸引学生的关注，从而提高他们学农的乐趣和兴趣。

中国农民一向以勤劳著称，但是在农业现代化建设中，仅凭吃苦耐劳还远远不够，关键要懂得科学知识，知道转换脑筋。当时我国农业科技水平十分落后，耕作观念保守，基本上靠天吃饭，农民成了最容易挨饿的群体。

耕种在我国虽然是一个古老行业，但农民认为种田是一个没有多少技术含量的行当，把农业作为一门学科引入课堂，那还是一件新生事物。把学生招进来，推行怎样的教学方法，设置哪些教学内容，成为迫在眉睫的问题。由于从历史上积累下来的文献资料十分匮乏，保留下来的一些也不够系统规范，内容乏善可陈，邓植仪发现，一个农业古国，真正可以作为教案来传播的技术寥寥无几。无奈之中，农专只能选用国外教材。由于时间仓促，1923年开始，一二年级均选用英文原版教材讲授。采用英文原版教材虽然可以提高学生的英文水平，但国外教材毕竟不是为中国设置，耕作方式、作物品种，以及水土气候都存在很大差异，并不适合广东农业教学的需要。

为了使教学更有针对性，首先要提高学生对国内农业现状的认识，达到学以致用的目的。邓植仪认为教材不能脱离本土特色，水土不服的洋教材不利于教学开展，学生在学习中感到茫然乏味，距离遥远，不切实际。

经过一段时间的思考，邓植仪决定加强师资力量，先后聘请了欧华清、张天才、邝松龄、缪任衡、沈鹏飞等一批知名教授。根据广东农业特点，由教授自拟笔记，自编讲义，从教学中摸索经验，开始推行教材本土化。

第一个难题得到破解之后，邓植仪立即开始从第二个问题上寻找突破口。1918年，为解决广东农专生源问题，学校实行免试入学、推荐入学、各县知事按入学资格选送入学等办法招生。这种招生方法虽然有效解决了生源问题，但同时也存在许多弊端，主要是生源质量无法得到保证，招录的学生兴趣不一，基础更是参差不齐。

生源质量是邓植仪最关心的事情，生源的优劣直接关系到人才培养的质量。1923年下半年，邓植仪重新制定了招生简章，简章规定入读农专的学生，须达到中学毕业或农业中学毕业，未经中学毕业者录取名额不得超过十分之二。报考者须经考试，科目有国文、英文、物理、博物（动物、植物、矿物）、代数、平面几何。同时还必须经过体格检查，合格者方可纳入招生名册。

1923年招生时，因考试异常严格，投考人数100人，最终只录取50余人。

有许多通过关系推荐上来的学生,不仅文化基础很差,而且体质也很弱,对农科专业不感兴趣,所以未被录取。这一年由于有新的招生章程进行规范约束,确保了农专的生源质量。

8

邓植仪掌管农专时推行的教学改革,意义非常深远,为广东乃至全国现代农业教育开辟了先河。他对现代教育的理解有独到之处,对教育资源的分配有清醒的认识。早在20世纪20年代初,他就认识到,要想提高农民的生活水平,改良传统农业,改变农村落后面貌,首先需要对农民实行义务教育,没有知识的农民是愚蠢的农民,是不能够创新的农民。

1921年6月,邓植仪出席广东省第五次教育大会。这次大会异常隆重,孙中山在闭幕式上发表演说,他指出:"中国最大之教育家厥为孔子。我国人视孔子为圣人,为宗教家。以世界学者的眼光观察之,则孔子为政治家,为政治教育家。试读孔氏书,其教旨于诚意、正心、修身,以及齐家、治国、平天下三致意焉。"

这次会议,有代表提出了《学校注重工作》《中学校增设师范案》《拟请对于省立中学手工科提拨经费及酌加时间案》等提案。邓植仪观点鲜明地提议,希望设立乡农校,直言不讳地批评当局不重视农民教育的错误思想。他呼吁以乡村农校为基础,在广大农村普及义务教育,使教育资源得到合理的分配。邓植仪认为教育既不能过分精英化,又不能缺少精英化,只有二者兼顾才能平衡需求。

大会期间,会务处先将提案付印分发给会员。经大会讨论,一方面广泛收集同时期国内相关的学制资料,由主席汪精卫指派金曾澄、李应南、韦悫、黄希声等4人为起草员,搜集德、英、美、法、日5国学制,编写

第三章 躬耕教坛开辟先河

学制报告，作为制订新学制的参考资料。报告主要从组织、宗旨、沿革及发展趋势、社会、科学等方面进行研究，列出各国教育的优缺点，并据此对各国教育发展方向做出预测：（1）小学期限趋向6年；（2）大学趋向4年；（3）提高中学程度，不设大学预科；（4）注重职业教育及村落教育；（5）延长强迫教育期限；（6）增加教育经费；（7）提高各级教育资格。这一做法为制订出全面、完备的学制案奠定了坚固的基础和科学的保障。

依据各会员的专长，先后指定和推选了吴景荣、陈赞垣、谭鸣谦、袁苞、杨永康、陈其瑗、温仲良、邓章兴、程祖彝9人为初等教育部委办；徐绍棨、麦应端、杨寿昌、张石朋、陈延炆、廖奉恩、何剑吴、关恩佐、李应南、罗有节等10人为中等教育部委办；汪精卫、金章、邓植仪、钟荣光、陈虞光、韦悫、程天固、陈宗岳、胡汉民、廖仲恺10人为大学及专门教育部委办；金曾澄、姚学修、廖冰筠、黄希声、许维翰、林云陔、邓月霞、许崇清、刘蓉森、余超邓10人为师范教育部委办。规定各部以3个星期的时间召开分部会议进行讨论，再用2个星期的时间召开各部代表联合会议，报告各部的研究情况，在反复讨论的基础上，拟订草案及说明书。

从邓植仪提议创办乡村农校，到广东农专改办大学的过程，可以看出邓植仪贯穿始终的办学理念，以及对现代教育的不懈追求。

"农专改大"运动是农专过渡为国立广东大学农科之间的一个重要事件。从表面上看是农专师生自发的运动，实际上"农专改大"的主导思想正是体现了邓植仪的办学理念。

1922年12月中旬，农专学生会组成"广东农专改大运动委员会"。为造声势，专门编辑出版了两期《农专改大运动专刊》，对外大力宣传"农专改大"对于广东高等农业教育、培育高层次农业人才、推动广东农业发展的重要性，以期取得社会各界广泛支持。

邓植仪和农专教授张天才、沈鹏飞等人，在广州教育杂志及农报附刊广东教育专刊号上，先后发表了长篇文章，论及农专应改单科大学，独谋西南农业教育之发展。欧颜峰博士尤其主张法政、农专、高师三校合并为一。

在邓植仪的倡导下，农专改大运动造出了较大的声势，随之推动了建立国立广东大学的舆论。学生会与教职员举行联席会议，讨论农专改大的事宜。1922年年底，师生大会一致通过向广东教育委员会递交的呈文，要求将农专改为农业大学。直到1923年11月，广东省教育厅才正式发布138号指令，批准农专筹备改办大学，责成邓植仪从速筹备。

现在说起中山大学农学院，也就是华南农业大学的前身，不得不提到90多年前那场轰轰烈烈的"农专改大"运动，那是一次化蛹成蝶的过程。1922年，为了推动农专向更高层次发展，邓植仪成为这场运动的掌舵者。1922年12月，以邓植仪为筹备长、以14名农专教授为成员的广东农科大学筹备会正式成立，这次运动显示了农专师生对发展广东高等农业教育，改良中国农业的热情和远见。邓植仪无论在行政管理还是教学科研上，都已成为农专师生的灵魂人物，从这件事上显露了他非凡的领导才能。

20世纪20年代初期的广州，是中国革命的中心和策源地。但当时广东省内的高等学校还寥若晨星，这种现状显然不能适应蓬勃发展的革命形势需要。基于此，1924年年初，孙中山在广州创办了一文一武两所学校：文为国立广东大学；武为黄埔军校。

经孙中山提名，邹鲁在当年2月21日正式就任国立广东大学筹备主任，并广邀国民党要员、著名学者、教育界名流组成筹备成员。35名筹备成员中曾有31人先后出国，获得不同层次的学位，通晓国内外教育情况，其学历、学识在当时均十分引人注目，因而得到孙中山的重视和厚望。邓植仪是35名筹备委员中唯一具有外国农学教育背景的学者。

1924年3月3日，国立广东大学筹备处召开第一次会议。出席者有廖仲恺、许崇清、邹鲁、陈耀祖、梁龙、何春帆、邓植仪等人。会议通过了筹备处组织大纲,讨论和议决了各种大学筹建过程的问题。三校整合并非是一次简单的合并,而是需要全盘统筹,合理解决如何组成一个综合性大学的问题,其中有很多细节需要考虑。

邓植仪和筹备委员许崇清、梁龙合作起草了《高师法大农专三校归并广东大学办法》。1924年年初,国立广东大学筹备处第九次会议召开,会议审议了筹备委员邓植仪等三人报告的"办法",与会者略加修改便获通过。这个文件规定八条广东大学的具体合并办法。其中第一条为:高师、法大、农专学生依照所学学科,归入广东大学各学院学科。

1924年2月26日,广东大学筹备会将农专等三校全体学生召集到广东高等师范学校开会,采集各同学对于改大的意见,作为参考。会议后,孙中山讲话,宣传三民主义与建立国立广东大学的意义。当时三校合并成了一件重大的事件,牵动了很多人的心。

邓植仪根据邹鲁的部署,负责农专方面工作,成立了国立广东大学筹备处下属农科委员会。邓植仪拟订国立广东大学农科委员会组织章程草案,经过农科委员会讨论,送大学筹备处通过施行。章程包括农科学院的组织架构,下学年施行措施,毕业年限规定,招收新生入学要求等。

邹鲁对邓植仪的工作十分支持,凡属原农专已决议待办的事宜,均纳入国立广东大学筹备事项,原农专成立了师生代表为成员的建筑委员会,纳入国立广东大学筹备处的工作范畴,建筑委员会将有关建筑事宜计划清楚,报告大学筹备处核定施行。1924年3月8日,农科建筑委员会召开会议,要求宿舍在暑期前竣工,同年9月教职员和学生迁入新宿舍。

为解决国立广东大学的经费问题,1924年3月1日,农专学生会联合高师、政法学生会,决定成立国立广东大学经费运动委员会学生委员会,设农科代表团,聘请邹鲁、邓植仪及农科教授多人为顾问。这个组织向社会各界广为宣传,阐明建立广东大学的意义和面临的问题,在《农声》上开设"国立广东大学经费运动专号",向政府提出建议,争取庚子赔款等为广东大学的经费。在这次经费运动中,以农专学生会尤为积极。这一运动促使当局利用各种条件和途径落实广东大学的经费。农专学生会进一步呼吁国立广东大学筹备处尽快改善将来农科学院的校舍、设备。在国立广东大学正式成立、学校经费落实以后,邓植仪向校方争取改善农科学院的校舍等建议也得到了采纳。

邓植仪注意发挥学生会在新建的农科学院的作用,他向学生灌输将来农科学院的课程规划和课程设置等构想。

这段时间邓植仪专门抽空和学生们接触,与学生们一起讨论未来农科大学的课程设置。1924年5月,邓植仪在一次学生班会上对学生说:"我们知道现在外国女子高等教育中家政科都有附在农科大学内的趋势;我们将来也想跟着这个趋势在本大学农科中设家政科……"

可惜后来农学院没有设立这个专业,但是邓植仪与学生的谈话激起了他们对未来农科学院的参与热情。如1924年3月1日召开的有邹鲁参加的大会上,学生会向邹鲁建议农科学院的新舍地址,下学期教授之去留问题。1924年4月6日,原农专学生会举行常年大会,改选职员,特邀邹鲁和邓植仪及其他教授出席。会上,"邓主任之演讲,以'诚爱'二字相勉",对学生予以诚挚嘉勉。学生会改选执行委员,邓植仪及各教授都到会。师生间关系显得非常融洽,学生有好的意见和建议邓植仪总会积极采纳,让学生热情参与学校的事务。

1924年4月底,广州市政厅为修公路,规划要从学校农场中穿过。学生致函首任市长孙科,申明政府不能随意破坏农场的完整。学生会正副会长张农、姚碧澄为市府开设马路一事,请邹主任向孙市长交涉。邹鲁表示:"学校农场,主权所在,当然要力争。"

邹鲁和邓植仪为国立中山大学农科成立所作的筹备工作,学生们都表示非常满意。有学生在《农声》上发表感言："近数月来，邹主任对外，邓主任对内，内外并治，所谋日进日益，不几时我校之进展，必大有可观。"

当然在这个过程中仍然还有许多不尽如人意的地方，如学生们对某些教授在国立广东大学筹备过程中拿着学校薪金而在外兼职的行为极为不满。在邓植仪的建议下，张农等人在《农声》上撰文批评这种不良教风，此举对整肃纪律、规范教风起到了积极作用。

1924年11月11日，等待已久的日子终于来了，国立广东大学举行成立典礼。校长邹鲁主持大会并报告筹备经过，孙中山为广东大学亲笔题写"博学、审问、慎思、明辨、笃行"十个大字，这十个字后来成为学校的校训，延续至今。

国立广东大学由国立广东高等师范学校、广东公立法科大学、广东公立农业专门学校三校合并而成。此举在中国教育格局中发挥着重要的导向作用，对近代高等教育产生了深远影响。

广东农专改为广东大学农科学院，由邓植仪担任农科学长和第一任院长。广东大学农科学院的成立，标志着广东现代高等农业教育进入了一个新的发展阶段。同时让邓植仪在一个更加宽广的舞台上实践着他的办学理念，施展他的管理才干。

根据《国立广东大学规程》的框架和农科的实际情况，邓植仪主持制

▲1925—1926年国立广东大学农科学院

定了农科学院的一系列规章制度。学院的每个重要部门、机构和重要的办事环节都有规则，有章程。如果说《国立广东大学规程》的制定渗透了众多主持创办广东大学的教育界、思想界精英的办学理念，那么广东大学农学院的一系列办学制度的制定，则是邓植仪办学思想的生动体现。当时的农科有两年制预科，四年制本科，包括一年预科和三年学习的专科，还有培养速成人才的蚕桑培训班和农村小学农科师资，培养农业技术速成人才的乡村小学教员农业讲习班。

邓植仪非常重视骨干教师和专家的作用，在广东大学成立之后不久，先后礼聘包括水稻专家丁颖、林业专家侯过在内的十几位教授。全院教授大部分是归国留学生，他们作为教师队伍的主体，有利于推动教学和科研的开展，以及实现近代农业科学的本土化。尤其是丁颖、侯过，他们后来成为学科带头人和推动农学院发展的中坚力量。

邓植仪不仅是我国现代农业高等教育的开拓者，还是广州农民运动讲习所的元老。农民运动讲习所把中国革命的火种点燃到广大农村，这是中国共产革命成功的典范。广州农民运动讲习所是第一次国共合作时期培养农民运动干部的学校。1924年7月至1926年9月，一共举办了6期，培训了800多名毕业生，分配到全国各地从事农民运动，领导群众进行反帝反封建斗争，对中国革命做出了突出贡献，在中国现代教育史上具有重要的地位。

1925年1月1日，广州第三届农民运动讲习班开办，4月3日结业，为期3个月，结业学员114人。阮啸仙为主任，廖仲恺、彭湃、陈延年、谭植棠、邓植仪、鲍罗廷、加伦等人为教员，另外还有一批苏联顾问。毛泽东则在同年9月14日开学的第五届农民运动讲习所担任教员。

1926年5月，邓植仪出席了广东全省农民代表大会，欢迎彭湃等代表前来农学院参观学习，并组织农学院师生编辑发行《农声》刊物，积极宣传农民运动的重要意义，介绍农民运动的态势。

共产党兴办农民运动讲习所，不仅唤醒了沉睡的中国农民，而且为走"农村包围城市"的具有中国特色的革命武装道路奠定了基础。从某种意义上说，农民运动讲习所就是培养革命种子的基地，没有农民讲习所，就没有领导中国农民反帝反封建的革命力量，也就不会有农民运动的最后胜利。同样我国现在的改革开放也是由农村联产承包责任制开始，且以广大农民力量为主体的变革运动。

90多年前，邓植仪就用一种洞穿世纪的眼光，认清了中国农业的根本所在。中国传统社会各种固有矛盾长期沉淀，积重难返，长期以来，农民一直是人口主体，农业则是整个经济的基础。从历朝历代来看，中国的发展，农村是关键，所以让农业走向现代化是邓植仪的人生梦想和毕生追求。

有了梦想，人生就会充实。数十年风雨沉浮，无论从事农业教育，还是农业科研，邓植仪全心投入，不遗余力，积极发挥自身的优势。通过言传身教，培养了一大批优秀的农业专业人才，成为我国农科领域的生力军。

今天，我们跋涉在农业现代化建设的征途上，在边远农村也很少有人再缺吃少穿，受冻挨饿了。但我们回首过去，更要居安思危，走在幸福的征程上，永远不能忘记他们那一代奠基者和引路人。

第四章　以德报怨大家风范

9

在汉语中，碑字有其特殊的含意，它可以将事业、功勋、名望、美德勒刻在石头上，赋予石头新的生命。在漫长的历史进程中，凡遇有重大事件，无论是民间，还是官方都习惯利用碑记的方式，留下那段历史，让瞬间成为永恒，使石头成为永久性标志。石碑、丰碑、口碑、界碑、墓碑、心碑……这都是与碑相关的词语。碑是沉甸甸的历史，但它比史书更真实，比王朝更长久。我国历朝历代都留有不少的碑亭，虽然形式不一，内容不同，但绝大多数镌刻在石头上，因为石头能经历风雨，石碑可以对抗时光。

树碑立传是一件庄重的事情，如果一个人或一件事，需要建一座亭子，立一块碑石作为纪念，那么这个事件肯定非同凡响。

1946年10月，广州石牌村父老在村里十分庄重地立起了两块碑刻。一块为"鸡笼岗陂增加水量碑记"，另一块为"重修六陂碑记"。村民运用这种方式记下了对邓植仪的感恩之情。石牌村民为何要立这两块碑呢？这事颇有来历。两块碑石，两段情谊，言简意赅的碑文的背后留下了一个宽厚为怀、以德报怨的故事。

事情还得从1925年说起。这一年对于全身心投入农科建设的邓植仪来说，称得上是一个多事之秋。从年初开始，好像就埋下伏笔，那段时间他感觉心情起伏不定。也许这是一个无法回避的矛盾，注定迟早都要发生的事件。

新组建的广东大学从 1924 年 8 月开始筹建第二农场，筹办的事情千头万绪，各种各样的矛盾和压力，使邓植仪感到精神疲惫，心力交瘁。1925年上半年邓植仪曾萌生退意，这是大家始料不及的事情，在农科学院引起了轩然大波。全院师生无不惊讶，如此敬业勤勉的邓院长，竟然要离开农科学院，让学生们无法接受。

首先反应最为强烈的是学生会，然后是教师。5 月初学院召开学生大会，全体学生一再挽留，农科学院不能失去邓院长这个主心骨，他们呈请邹鲁校长出面挽留。同时学生会还给邓院长写来长信，信中言辞诚恳，情真意切，表明了大家对邓植仪的信任和敬仰，以及苦苦挽留之意。经过师生和校方一再努力，邓植仪终于同意继续留任，这个坎算是过去了。

在石牌中山大学旧址，今华南农业大学启林南宿舍区，有一块宝塔形的石头，石上刻有"筚路蓝缕 以启山林"八个大字。了解中山大学及华南农业大学校史的人，一定知道这八个大字背后的故事。虽然石头是一个复制品，但坚硬的石头作为一种精神的象征，刻下了一段艰苦的历程，刻下一种永久的记忆。

广东大学重新选择校址的建议最早是由孙中山提出来的。广东大学刚

▲邹鲁手书"筚路蓝缕 以启山林"八大字于石牌校园风景山上

创办时，他对邹鲁说，各学院分散在不同地方，不利于教学管理；学校就近市区，热闹喧哗，不利于学生修养和求学。命他另觅新址。

考虑到新校区建设需要从农场做起，1924年，邹鲁致函市政府，商榷石牌岗地、稻田为第二农场，面积达千亩以上。后来广州市政府又划拨了官荒山地，面积增至3000亩。为了摸清农场地貌，邓植仪派利寅教授等人前往测绘，同时着手办理接收手续。第二农场的规划分为农区、林区、畜牧区。1924年8月，广州市政府划给广东大学农场土地2718亩，如有需要还准许农场向附近乡民购买部分水田。

当时第二区苗圃已停办，地里遗留苗木数万株，邓植仪认为将苗木闲置抛弃十分可惜，经请示邹鲁主任同意，决定设法保留，以备日后恢复推广之需。那段时间邓植仪夜以继日，全身心投入石牌农场建设，可是万万没想到农场建设会遇到那么大的麻烦，会遭到乡民的强烈抵制。

石牌是一个历史悠久的古村，村民最早从南宋咸淳九年（1273），就从南雄迁徙此地，结草为庐，渐成村落。到了明嘉靖年间，石牌村已成为一个具有相当规模的村庄，山顶前面一带已形成商铺云集的中心市场。由于此市场地处山冈前面，村民称为"山前市场"，此名一直流传至今。当时村中经济繁荣，人口兴旺，乡绅阶层密集。村庄周边有许多石器，如石马、石龟、石鼓等，村民遂将村名改为石牌。清代早期，石牌村成为方圆几十里知名的大村。

石牌村民在历史变迁中一直以姓氏聚居，族群之间互相把守，各有戒备。对于这么一个相对独立的小王国来说，村民非常警觉和排外，广东大学浩浩荡荡地到此建立农场，就像一汪平静的湖水，投下了一块石头，很快激起一片水波。当时几乎每个村民都有抵触情绪，一是担心农场进驻，将抢夺其蓄水的山塘水库，控制水源；二是怕农场占毁祖坟，破坏风水，惊扰地下祖先。

1924年10月3日，一些乡绅利用舆论大造声势，在广州各大报纸登载石牌农会请愿省长取消农场的消息。为作出回应，邓植仪指示学生会在《农声》撰文，向石牌乡民解释石牌农场的建设宗旨和意义。说明石牌村东北面一带，都属荒山，建设大学农场不会影响周边乡民的生产和生活，如果农场建成后，试验有得，农民将受益更多。同时还以农科的名义保证，决不损害农民利益，做出不利于乡民的事情。对于河涌水塘，将加以疏浚，以利石牌周边的农田蓄水灌溉，尊重乡风民俗，切实保护乡民祖坟。在山头种植树木，不仅不会破坏风水，反而可以保护植被，庇荫坟茔。为加强说服力，文章特以区庄和犀牛尾等处农民为例，农场开辟后，雇佣当地农民，试验成果作用于农业，反而推动了当地生产，增加了农民收入。文中言辞恳切，希望乡民能消除误会，支持农场建设。

虽然一开始农场的筹建工作就遭到石牌乡民的抵制，但农场筹建还是按原计划在进行。1924年12月8日，农场主任和教授助理多人前往石牌现场勘察，当时情况复杂，为了安全，有武装护送。一段时间过去，农场建设步入了正轨，大家警惕性也有所放松。

1925年2月，农科林业四年级同学步行前往石牌播种植树，为此农场申请购买了一批农具，在第二农场开发中使用。1925年3月农科师生前往第二农场种植"中山纪念林"，一切看上去都很顺利，并没有遇到什么阻挠。可谁知这段貌似平静的日子里，一场蓄谋已久的阴谋，通过精心策划，终于爆发。

10

按民国时的土地法规，官荒山地是国有土地，被征收之后任何人再不能随意开垦。土地划归广东大学农场后，触动了石牌宗族、乡绅的利益，他们心里不能接受这样的事实，感觉很不高兴。

还有一个重要原因，广东大学农科学院师生支持广东农民运动，农科学院学生会的刊物《农声》发表支持农民运动的言论，也引起了国民党右派的嫉恨。于是二者勾结起来，煽动村民反对广东大学征用官山。在此之前，已经有石牌村民到省府请愿，要求省长取消广州市政府关于拨地给广东大学第二农场的决定，虽然政府没有采纳请愿者的意见，但风波并未平息。石牌村乡绅不允许农场存在，所以他们有意扩大事态，造成不良影响，企图以此来阻止农场建设，逼迫广东大学停止征用土地。

1925年5月1日，这是一个让邓植仪痛入骨髓、铭记终生的日子。这天邓植仪一大早就出了门，与往日相比没有任何异常的感觉。

邓植仪走得很急，5月的广州已经有了初夏的闷热。当他走到聚会点时，额上满是汗珠。邓植仪是个守时守信的人，由于之前约好到石牌察看荒地，加上广州市财政局官员和石牌村乡绅再三催促，农科学院师生便先行前往。同行者有院长邓植仪，教授利寅、邝嵩龄、黄晃、欧华清，学生张农、姚碧澄等8人。师生一行到达沙河螺旋冈时，突然发现山道两旁分立几位壮汉，再往山冈上走，感觉气氛明显不对。只见山林中人头攒动，一波一波，海浪一样向路上涌来。粗略估计一下，黑压压的将近有两千之众。

他们眼露凶光，像剪径的土匪，挥舞着锄头棍棒，有的还手持短枪，将手无寸铁的师生团团围住。

事情突变，让几位文弱书生不知所措。在毫无防范的情况下，邓植仪安慰大家不要慌乱。此时山头上有人在大爆粗口，不停叫嚣辱骂："占我祖坟，共我田产，今天你们送上门来啦！别怪老子不客气，这是自寻死路！"

话音刚落，头顶的石头就像雨点一般，铺天盖地地砸来。危急关头邓植仪挺身而出，他站到最前面，一边不停解释，一边用自己的身体保护学生。

为了不激怒村民，他用温和的话语，劝导大家不要冲动，有话可以坐下来说，请大家先冷静克制。

可是已被煽动蛊惑起来的乡民，情绪非常狂躁，根本没有心情听邓植仪解释。突然山头上响起砰砰砰三声土炮，炮声就像号令，村民在炮声的怂恿下像马蜂一样，朝山下疯狂扑来。

一时间锄头棍棒撞击得叮咣作响，火花四溅，几位师生被打翻在地，发出刺耳的惨叫。邓植仪背部被棍棒打伤，倒在地上不能动弹。当时场面完全失控，喊叫声、咒骂声响成一片，人群推推搡搡乱作一团。

在这次暴力事件中，只有利寅和张福达两人因外貌酷似本地乡民，混迹其间，侥幸躲过一劫。其余几人均遭遇暴打，受尽羞辱。学生张农当场被锄头打晕在地，因腹内受伤，大口咯血。邓植仪虽然也被打成重伤，但他见张农大口咯血，生命垂危，咬牙撑起身，爬到张农身边，抱着满脸是血的张农，不禁泪水涔涔。

师生饱受暴打，村民仍未罢休。别有用心的几个为首者还想继续折腾，用绳子将邓植仪他们捆绑起来，押到螺旋冈一座庙宇中，继续施虐。

面对野蛮的乡村暴力，邓植仪感受到秀才遇上兵、有理讲不清的无奈。当时虽然自身难保，但他还是忍着剧痛，咬紧牙关，挺起书生瘦硬的骨头，用粤语乡音表达自己的观点。可是他的话无法感化这些闹事的村民，伤痕累累的师生只好相拥而泣……

在这场暴行中，几位师生的衣服被撕烂，身上的财物也被人趁乱抢走。此时恰逢长涌乡乡绅率领乡兵60余人前来查勘坟地，见状赶忙过来解围施救。

长涌乡一直以来民风淳朴，村民颇有正义感。后来的事实也充分证明了长涌乡的美德传统。1935年长涌村青年投身"一二·九"爱国运动，积极宣传"停止内战，一致抗日"的主张。1936年，中山大学进步学生在附近的长涌村开设乡村扫盲服务实验区，设立民众夜校。参加夜校的男女学生达百余人。1938年初夏，国民党封闭新华报社，中山大学学生掀起反封闭斗争，长涌抗先队派出梁容举、梁万益、梁旁添代表农民参加会议。当梁容举、梁万益他们高举着"长滢抗先队"的大旗走入会场时,场内响起雷鸣般的掌声。1938年10月,广州沦陷,形势突变,中共地下党组织在恐怖环境下仍然坚持抗日救亡活动。组织上派莫福生到长滢村领导地下斗争活动,他的公开身份是小学教员,地下党以长滢为抗日救亡基地,为附近乡村和东莞抗日模范团输送了大批青年党员和干部……

在长滢乡绅的干预下,邓植仪和师生们正准备离开,可是为首闹事的几位乡民还不肯罢休,再次将教授邝嵩龄、黄晃,学生张农拖出庙外进行暴打。幸亏长滢乡乡兵出面援救,并将他们扶上车送回学校,如果没有那些好心人出面相救,很可能闹出人命。

师生们一瘸一拐地离开了螺旋冈,临走时亲眼看见财政局几位官员嘴上叼着香烟,满脸阴笑地走来。他们来得真是时候,不早不晚,刚好事情结束,他们就到了。更让邓植仪感到奇怪的是,那些闹事的乡民看见财政局官员出现没有强烈的反应,不仅没有上去打人,反而显得有几分客气。这起事件背后究竟藏着怎样的猫腻,已经不言自明了。

突然袭击的乡村暴力给师生们造成极大的肉体摧残和精神伤害。受伤最重的是农场主任黄晃,其次就是张农和邓植仪。受伤的师生多被送往医院治疗,而邓植仪则坚持回家调理。他请来精于外科的梁财信医生,内外用药,伤势日见好转。

5月6日,多名师生前往邓植仪家探访。在医生的精心疗治后,邓植仪除了负伤最重的背部还有些疼痛,其余地方基本没有大碍了,食欲也开始好转,精神逐步恢复。

邓植仪托请前来探望的师生,回去转告受伤的黄晃和张农,叮嘱他们安心留医治疗,不要急着出院。5月10日,邓植仪已经重返石牌校部办公,除面容略有消瘦之外,精神复如从前。

石牌乡民伤人事件激起了农科学生满腔义愤,农科学院学生会向政府

交涉，汇报第二农场"5·1事件"的经过。学生会组成专门委员会，应对石牌乡民围殴本院员生案，推举张农等6人为委员。

在社会舆论的影响下，番禺县政府将几名聚众伤人的为首者滞押留办。石牌村乡绅耆老见县府介入此事，赶紧出面调解，表示愿意赔偿伤者医药费及相关损失，对第二农场的建设也不再阻挠。番禺县府根据双方意见，谈妥结案，并由番禺县划定界址，裁定双方山场土地权属。

经过政府干预，农科学院第二农场终于恢复了正常秩序，种植管理照常进行。

石牌乡民伤人事件，成为一个节点，应验了那句不打不相识的俗语。在矛盾消解后带来了和解的契机。邓植仪作为伤者，他没有借机发泄，更没有得理不饶人，而是采取息事宁人的态度，包容谅解乡民的一时冲动，恳请施法部门不再追究滋事者责任。

退一步海阔天空，邓植仪深知情义越修越远，怨恨越结越深。他以一种宽怀大度的处事方法，消除了貌似无法化解的矛盾。邓植仪为此还专门撰文：

……事既发生，政府将严办以示惩徽。植仪慊然不自安，以为农场之开辟，原以改良农业，扶植农村为最终目的。今若因此而使乡人受重谴，殊非初意。因力请于政府，得免深究。自是而乡人乃感悟，前疑尽释。农场遂得以进行无限，悉心经营，以有今日。现且庄重闳伟之校舍新建于此，永奠万世之规模。抚今追昔，不可谓非此役，有以启其始基焉。……

11

石牌村乡民伤人事件像一段不和谐的插曲，很快就翻了过去，在邓植仪和其他师生的心中都没有留下太大的阴影。尽管事后他曾有过辞职的想法，但与受伤事件并无直接关联。

邓植仪祖辈都是农民，他对农民有着很深的感情。1925年他在广州农民运动讲习所任教期间，给学员讲的课程就是《有关农业组织问题》，另有文献记载他主讲了《农业常识》。他认为不管任何时候，农业都是一个国家的根本，吃饭是头等大事。1926年5月，广东全省农民代表大会在广州举行，彭湃等农民代表前来农科学院参观，邓植仪组织全院师生召开大会，对代表们表示欢迎，大会由邓植仪亲自主持，黄枯桐致欢迎词。农民代表在农学院看到未来中国农业的希望，明白了现代农业是我国农业发展的必由之路。

邓植仪一生关心怜悯农民，让农民过上富裕幸福的生活，是他毕生的追求和梦想。石牌村民与农学院第二农场的矛盾成为他工作中的一种鞭策，时刻让他警醒。1934年国立中山大学成立十周年，他在庆祝大会上发表了意味深长的讲话。他说："唯当事者仍能以大学前程为重，体谅乡民之智识薄弱，或许受人愚弄，不事深究。"

从农场征地过程中，我们可以看到邓植仪的换位思考，他体察民情的胸襟与情怀。试想当下某些强势者，想尽办法偷梁换柱，巧立名目，借以改造开发，造福亮化之名义，冠冕堂皇地掠夺资源，强行征用农民土地，强拆民房，弄得天怒人怨，矛盾激化。这些人什么时候想过农民的利益？什么时候关心过农村？在征地拆迁过程中，无论是强拆，还是强征，捍卫土地的农民大都以失败告终。而当年邓植仪参与创建石牌农场，是经政府批准，受校方委派的行为，完全可以对无理取闹、惹是生非的村民进行法律制裁，但他不愿那样去做。虽然自己受了伤害，但他没有记恨在心，耿耿于怀，而是宽厚处世，以一笑泯恩仇的处世方法，消弭隔阂。历史已经飘然远去，宽容是一种美德，像邓植仪这样手握尚方宝剑，心怀仁爱体谅的官员，已经成为时代的绝响。

友爱关怀是人世间最温暖的情感,和谐相处是生活的最高境界。石牌乡民被邓植仪的宽容而感动,在后来的农场发展、中山大学新校区的建设中,石牌乡民予以全力支持,双方再没有发生大的矛盾纠纷,做到了和睦相处。

风波过后,石牌农场发展顺利,开始成为重要的教学基地。据当年的《农声》记载:"本院自着手开辟第二农场以来,各职员均已积极进行,开辟之面积极广,既种有林苗数万株,豆数十亩。之前由安南购回之新式犁具,用以开辟该第二农场土地,甚为得力,又汽力抽水机一架,在第一农场试验灌溉稻田,用电油甚少,而灌溉能力极大。现林学系职员学生,已于日前赴第二农场实习,所定工作:测量、地况调查、造林计划、造园计划等。"

为了提倡不畏艰险,努力创业的精神,1935年邓植仪任农学院院长,建议为1925年的"5·1事件"建立一个纪念亭,名为"启新亭"。这个建议得到师生的积极响应,"启新亭在旋螺山庄。经费每教师捐薪金一月,农场职员学生捐二元,农场补助500元",不足部分由邓植仪设法筹措。这个纪念亭建起以后,邹鲁和邓植仪分别写下碑记,以激励中大师生发扬艰苦创业精神。1935年3月15日,邓植仪为"启新亭"撰写的《建筑启新亭事略》碑刻,特说明倡导建亭刻碑之举,并非张扬他个人的功绩,而是要给后人以告诫和警醒,农学院师生与乡民是一种鱼水关系,互相依存。

1946年中山大学复课,邓植仪每天上班都得经过石牌,当时久旱无雨,无水灌溉,石碑大片稻田已经枯槁,庄稼奄奄一息。作为农业专家,他的心情与村民一样焦急。为了争取上级政府的支援,他立即电告广东蚕丝改良局局长廖崇真。廖局长与中大农学院关系非常密切,嘱托他带上当时联合国救济总署负责在华赈济的干事、美国人承丁到石牌村视察旱情。同时利用自己的人脉关系,亲自向广东救济分署的凌署长请求,发给石牌村水利建设所需救济物资和款项。

为了让抗旱减灾的行动起到实效，邓植仪委派中山大学农学院留美归来的赵善欢博士，教师郑凤瀛、庞雄飞等人前往石牌村陂塘现场指导。他自己也顶着烈日，不时到抗旱现场督促。石牌村乡绅则动员乡民齐心协力，只用半个月的时间就完成6个陂塘的修复工程。

1946年10月，石牌六陂蓄水抗旱工程完成之后，石牌村父老乡亲感激万分，他们郑重地将水利工程建设的过程勒石刻碑，分别在村头村尾立起了两块碑刻，这就是前面提到的"鸡笼岗陂增加水量碑记"、"重修六陂碑记"。两块厚重的碑石留下了石牌村民的心声，他们用这种特殊的方式刻录了历史，记下了对邓植仪以及全体师生以德报怨的感恩之情，字里行间流露出乡民的内疚和歉意！

石碑上留下了客观的记录，邓植仪把农民视为父母，把群众当作亲人，他以德报怨，不计前嫌，体现了一个农业专家的高风亮节。我们作为后来者，生活在衣食无忧的年代，当群众遇到困难的时候，当我们个人的利益受到侵害的时候，我们是否宽容谦让？是否会去换位思考？现在我们应该认真反思一下平时的言行，看看该用怎样的方式去掂量那两块碑石的重量！

第五章　挥洒汗水情牵粤桂

12

1925年3月12日上午9时30分，孙中山在北京逝世，全国各地以各种方式进行悼念。1925年3月24日，《广州民国日报》刊登了国民党员黄行致国民党中央党部函《改广大为中山大学之提议》。随后孙中山的亲密战友廖仲恺在国民党第一届中央执行委员会第71次会议提议，将国立广东大学改名为国立中山大学列入议事日程。同年8月5日，国立广东大学第38次校务会议通过决议：将国立广东大学改名为国立中山大学。

国民党第一届中央执行委员会第108次会议通过了改国立广东大学为国立中山大学的决议。1926年3月13日，国立广东大学第70次校务会议决定组织筹备中山大学委员会。是年6月19日，民国政府批准中山大学筹备委员会名单。筹备委员会由褚民谊、甘乃光、黎樾廷、沈同宝、黎兆葵、陈树人、宋子文、陈公博、蒋介石、金曾澄、许崇清、马洪焕、郭沫若、邓植仪、黎国昌、熊锐、张乃燕等40人组成。林伯渠、谭平山、孙科、陈其缓、蔡元培、吴稚晖、顾孟余、李石曾、邵元冲、叶楚伧、蒋梦麟、张伯苓、于右任、黄昌谷、张静江、陈启修、段锡朋等30人为特聘筹备委员。1926年8月17日，民国政府发布命令，正式宣布将国立广东大学改名为国立中山大学。

广东大学改名之前，农科学院在邓植仪和全体师生的共同努力下，学院已初具规模，成为当时国立广东大学教学条件最好的学院。

当时的广东大学各学院分散在市内，农科学院位于东山之禺，占地较广，院舍分部而建，有上下两层，上层为院长办公处、各部办事室、图书分馆、实验室、研究室及教职员住室等。下层为教室、贮藏室、仪器室、膳堂、休憩室、标本室各部等。另外还新建有学生宿舍，同样分上下两层，体现洋楼的建筑风格，校园空气清新，绿草遍地，花木环绕。校舍外田野纵横，草舍点缀，颇有农庄风味。漫步树木掩映的校区，让人赏心悦目，感觉如入公园。

▲广东大学农林化学馆

当时农科学院根据广东大学的规定，将原取消的预科重新设立，除了一般的基础课，还有动物学、植物学等课程。邓植仪在各系和各门教授拟订的科目基础上，制定了农科学院的课程设置。农科学院分为农学部和林学部。农学部设农艺学和农艺化学两系，农艺学系分农艺、园艺、蚕桑、畜牧、病虫害、农业经济等门，农艺化学包括农产制造和土壤学。林学部下面有林学系，再分森林生产、森林经营、森林经济等门。农科学院继续采用在农专时期实行的年级制和选科制结合的办法。学生在第一、二年级修读农学部和林学部共同规定的必修课，三、四年级修读在一年级就选定的农学或林学的专业选修课程。学生在最后一个学期要完成毕业论文，加上各科成绩合格，才能授予学位。

邓植仪还按照国立广东大学规程的要求，完善了农科学院的各种规章制度。他首先完善了教授治校的框架。

邓植仪十分注重引进人才和师资配备，一流的大学需要一流的人才来支撑。1924年4月邓植仪聘请戴芳澜、黄国华、张巨伯等教授到广东大学农科任教。戴芳澜1913年结业于清华学校留美预科班，1914年至1919年先后留学美国威斯康星大学、康奈尔大学和哥伦比亚大学研究院。1948年选聘为中央研究院第一届院士。他是中国真菌学创始人、中国植物病理学主要创建人之一。1955年选聘为中国科学院院士。

1894年生于台湾新竹县的黄国华身世更是曲折。黄先生先祖于明末1661年4月参加郑成功队伍抗击荷兰人到台，战斗胜利后在台湾定居，响应屯田垦殖号召从事农业生产。

黄国华从小家境贫苦，自幼一边读书，一边帮助家庭劳动，在田地中种植水稻，丘陵山冈垦殖茶园，从小养成吃苦耐劳的精神。小学毕业后由其在日本轮船大和丸上当水手的舅父带往日本谋生，寄人篱下考入爱知中学。中学期间，一边打工帮人摘苹果，一边读书。1914年从爱知中学毕业后考入东京帝国大学农学部，学习蚕桑专业，4年大学他刻苦用功，1918年7月以优异成绩毕业。

由于从小在日本读书，黄国华能讲一口很流利的日语，加上成绩优异，为此学校想留他任教，并赠他日本名字为"三浦坤吉"。黄国华从小仇恨日本，执意离开，决定回到祖国大陆，到西南边远的贵州贡献自己的力量。

1918年11月，黄国华起程到黔工作，在贵阳油榨街省立农业学校任教，并兼任贵州垦殖局顾问。在此间除教授农学及为发展蚕桑事业尽力外，热衷植树造林，在垦殖局所辖地区图云关一带山坡上绿化荒山。由于贵州早年军阀割据，政治局势混乱，1920年1月离开贵州。赴广州任教于中山大学农学院。

为办好农科教育,邓植仪求贤若渴,请黄枯桐教授去函法国、比利时等国,托熟人物色本校农科教授。1924年8月已经聘任的教授有林科的萧诚、侯过、姚文沃、曾济宽,农科有黄晃、张远峰、唐在均、丁颖、杨炳勋9人。9名教授中不包括原来就任的沈鹏飞、利寅、邝松龄等。在农科学院建设初期,全院共有教职人员50余名,后来丁颖、侯过不仅成了学院的学科带头人,还是推动农学院发展的中坚力量。

这一时期的教材本土化得到了快速的递进,林科有侯过的新著《测树学》,曾济宽的《造林学》,他们的新著经过邓植仪、黄枯桐、陈国玑等教授的审定,被广东大学出版委员会定为大学丛书。在邓植仪的努力下,学术氛围日见浓厚,科研成绩突出,农科学院研究发明农业新品十种,函请广东省省长公署函送建设部核准,发给奖状,注册商标。

邓植仪一直提倡建教合一的理念,农科学院要对农林业有所作为。为发挥各自的专业特长,林学系教授拟订了罗浮山、白云山的造林计划,侯过带领本院员生8人前往滑水山测量,这是侯过进行广东水源林业调查与资源开发的开始。丁颖筹划广东稻作育种事业,也在这个时期开始。他的学生凌化育在《农声》上发表《关于广东稻作改良的建议书》,是最早专论广东稻作改良计划的论文。

1925年8月15日,中华农学会年会在广东大学农科召开。这是农科第一次主持全国性的学术会议。这次会议上,邓植仪讲《广东之农业问题》。晚上农科学院举行招待会,邓植仪致欢迎辞。

邓植仪广泛参与社会活动,畅谈农业的未来和出路,他不遗余力地进行农业推广。设立在清远的蚕业巡回讲习所,教学地点同时作为蚕房,现场示范,配上印刷好的宣传品作普及。在蚕房育成大量强健蚕种,以低廉价格分给各地农民。

通过学校训练,有文化的蚕农都学有所成,当地教员李秉楠等人写信给邓植仪、邹鲁汇报学生情况,要求准许毕业。邓植仪将此呈文转给邹鲁,邹鲁表示同意。后来这个讲习所在梅县也有举办,效果很好。1926年下学期开办小学教员农业讲习班,为农村学校培养了合格师资。

农科学院要求学生深入一线,特别重视学生的实习培训。除了在第一农场进行实习外,还经常由教授带领学生外出考察。学生的毕业论文重点放在外出考察上。

除了必须完成的学习实践外,邓植仪很支持学生在课外搞一些文娱活动,鼓励学生在专业之外培养丰富的艺术情趣。邓植仪教学思想并不呆板,1925年暑假,农科学生会筹备夏令馆,留校同学颇多,加上外省来报考者不少。此馆设英语、数学、物理等学科补习。为使校园生活丰富多彩,还组织了银乐队。邓植仪早就有设立银乐队之意,当师生提议时他非常赞同。

部分师生有社会实践的愿望,邓植仪非常支持,校方极力提供便利条件。畜牧教授张天才及畜牧门学生映雪、姚碧澄等自筹资金发起组织"畜牧团",以股份制的形式办了一个营利的小型养殖场。1924年4月12日"畜牧团"召开成立大会,学院教员和同学约百人出席,议定章程,学生姚碧澄担任经理,邓植仪等担任监察,另外有教授担任指导。这个畜牧场绘制了牲畜栏圈图请学校筹备处建筑,建设牛舍和猪舍各一座。这个农业组织煞有介事地召开常年大会,发行招股书,预计每二元可以获纯利二元。但是当"畜牧团"的股东们憧憬着盈利前景时,1925年5月20日学院农场的耕牛和"畜牧团"的乳牛大小6头,全被盗匪窃去。师生的心血泡了汤。虽然"畜牧团"的运作失败了,但对学生是一次很好的锻炼,培养了他们的实践精神和活动能力。

学生自办学术团体,是自五四运动以来农专的传统,在国立广东大学农科筹备的过程中,就有同乐会、新闻社、平远农业改进会、湘籍同学会、毕业同学会、蚕桑研究会、畜牧团、林学会等各种组织。广西籍学生成立国立广东大学农学院广西学会、拟发行刊物。琼崖同学组织琼崖农业促进会，准备发行刊物，寄发信函给各县，征求与农业有直接关系的机关的意见和建议。

由于邓植仪重视培养学生的动手能力，学生会积极分子彭师勤撰文说："所以（农专或农科学院）毕业学生，都能坐言起行，很少空谈白话的人。"当时农科第二班毕业生黄维光、卓学佐各自在海丰着手经营农场。有茂名籍的学生撰文说有三个志愿在当地振兴蚕业。一是戮力耕桑，其人已经有实践，知道如果以科学方法养蚕，必能获利。二是种植果树和蔬菜，实行果园养鸡的试验，能起到疏松土壤和施肥的效果，鸡也能长得快，还节省饲料。果园中间种豆类，过些时候就能在果园边设鸡舍，农牧结合，收成良好，获利甚丰。他也提出从本校推广部购买外国鸡与本地鸡杂交，提高产卵率。三是将自己的实验成果向当地农民推广，或向母校报告，"上可供农学家之研究，下可树村农以风声，不啻为农村中之一小试验场也。人民重农之观念，自必油然而生。造福乡邦，利岂有既！"当时由于社会上很缺教师，有不少的农科毕业生充实到教育战线，但是他们在教育岗位上还是从事初等和中等农业教育，或者课余在当地从事农业科技的传播。这些事迹在后来的学生传记中都可以看到。

13

1926年9月，邓植仪辞去中山大学农科学院院长职务，由沈鹏飞接任。邓植仪仍在中山大学农林科任教。

1927年8月，邓植仪辞去中山大学农科院的教务，应广西建设厅邀请，赴桂兴办实业机构。邓植仪当时为何会赴广西工作？我们作为后人只能推测，广州当时作为全国的政治运动中心，局势很不稳定，邓植仪一向对政

▲ 广西实业院

治没有太多兴趣,他渴望有一个安宁的环境来从事农业科研,兴办实业,一展抱负。

邓植仪这个时候突然选择转往广西,看上去似乎难以理解,但仔细分析,说明他是一个把事业看得重于一切的人,在他心里还有更高远的目标。

当然最终能促成此事,还离不开一个关键性人物。此人姓伍,名廷飏,字展空,广西容县人。伍廷飏曾任国民革命军师长、广西省政府主席,先后担任过广西、湖北、浙江等省的建设厅厅长、国民党第一届全国国民代表大会代表等职。作为当时的实权派人物,伍廷飏热衷实业,建设家乡。他办事雷厉风行,在位时为老百姓做了不少好事实事,所以在柳州曾流传着不少颂扬他的故事。

1925年以前,柳州没有一条公路,柳州人没见过汽车是什么样子。乡间宽一点的路就是牛车路,但那也是弯弯曲曲、坑洼不平的。城里最好的马路是三合土路,可是不能行驶汽车,长途运输只能靠水路。1925年9月的一天,一名个头不高、气宇非凡的军人,带着一帮人马在鱼峰山东面的荒草野林里来回走动,时而下马察看,时而举目远眺。之后,领头的军人马鞭一扬,往穿山、石龙方向策马而去……

马背上那位威武的军人就是定桂讨伐的联军师长伍廷飏。这天,他率领柳庆交通局的工程技术人员和助手,实地踏勘柳石公路的测量路线。那天他兴致很高,满脸微笑地对随行人员说:"民政长(黄绍竑)已同意我们先筑石龙至柳州的公路,再筑柳州至黔边的柳庆路,并指定将柳庆两河护商局收入作为交通专款,由兵民合作,共同筑路。积极建设交通,乃民意之所向,吾职责之所在,望各位群策群力,共谋民众之福利也。"

伍廷飏当天就同大家议决,未来柳三、柳桂、柳邕各条公路的起点,就以鱼峰山为起点计算公路里程。10月4日,伍廷飏就任柳庆公路局总办,11月上旬测量完柳石路线后,伍廷飏扛着锄头率领军民在鱼峰山脚举行开工典礼,铲平鱼峰山南面的荒地。

那个年代没有任何筑路机械,一切都是人力。军队、民工起早摸黑,用锄头挖土方,用牛车运料。在筑路经费严重不足的情况下,伍廷飏电请民政署,从公路沿线村庄抽调民工,分段包修,供给伙食,以股票为工资,并加征粮赋一倍为筑路专款。伍廷飏在视察各路段修路进度的时候,发现有的县知事不重视修筑公路,便电请民政署并获得批准:凡是放弃公路、清乡的各县知事,得随时检举撤换。这样,各县知事为了保住头上的乌纱帽,不得不竭尽全力征集粮赋,抽调民工,投入造桥修路。经过10个月的奋战,全长58公里、宽7米的柳石路于1926年9月20日竣工通车。这就是柳州的第一条公路。过去,从石龙乘船到柳州要两天时间;通车后,只需一两个小时。

柳州有了公路,有了汽车站,交通运输的历史,从此翻开了新的一页!

当时柳州没有医院,只有几家私人药铺和两位行游到此的西医。病人躺在家里,医生上门诊治,开好药方,患者到药房抓药,许多病情紧急的患者因不能及时救治,耽误了最佳时机而命丧黄泉。

为此伍廷飏决定要解决老百姓看病难的问题,他立即召集地方绅商开会,提议创办一家公医院。商户乡绅积极响应,说创办医院好,大家举手赞成。可是，办医院一没有钱，二没有房子，三没有医生，怎么办？伍廷飚胸有成竹地说，办医院的经费可以动用税款，或发动捐款。举民众之财，办民众之事，谋民众利益，这是柳江地方应办之事，我柳江之民当急起图之。伍廷飚把与会的地方绅商带到东台路东端的天后宫，对大家说，用这个庙宇来供奉天后娘娘，不如用来做医院，真正为百姓解除病痛。天后宫占地1000平方米，由民间善男信女集资兴建，其中财物奉献较多者为闽南移民。伍廷飚的提议，得到大多数地方人士的支持。不到两个月，天后宫就改为柳江公医院。这座两层楼的庙宇，上面改作医生、护士的宿舍，下面改作药房和诊室。楼房后面的平房，一座做病房、一座做手术室、一座做教室。楼房前面的平房分别改作病房、职员宿舍、伙房及太平间。当时的病房只能容纳16张床位，收治留医的病人。柳州第一家医院，就在这种贫困艰难的环境里诞生了。

为把医院办好，伍廷飚通过各种关系，从广州陆续聘来一批名牌医校毕业的医生、护理人员和调剂员，由于条件限制，医疗设备简陋，柳江公医院除接诊正常的产妇分娩及一般极为普通的疾病外，未开展其他业务，留医者甚少，门诊病人每日数十人。柳江公医院后来更名为柳州公医院、广西省立柳州医院，新中国成立后为柳州市人民医院。

如果说修公路、建医院是伍廷飚对老百姓物质和肉体的关怀，那么建图书馆则是精神的呵护。1926年以前，柳州没有一家社会公用的图书馆，读书人只能在私人之间交换借阅，阅读视野十分有限。

东门城外那座藏书楼，是柳州府于清光绪十七年（1891）所建，楼址在柳江书院院内，藏书仅供院里的书生阅览，外人无法借阅。伍廷飚就任柳庆清乡总办后，一边清剿四乡土匪，一边抓地方建设。为发展文化教育，创办了柳州官办公开发行的第一张报纸——《柳江日报》，开办柳州工业专门学校。1926年，筹建柳江图书馆，派人到广州请技术工人刘旺到柳州，专门设计、建造图书馆。经过近两年的紧张施工，柳江图书馆于1928年竣工落成。这是柳州历史上第一家面向社会的新型公共图书馆，工程浩大，建筑面积600多平方米，设计独特，楼宇巍峨，上下三层，内空全无间隔，当时成为柳州最气派的建筑物。图书馆二楼门额上镶嵌着一块黑底金字的牌匾，柳江图书馆五个遒劲的大字特别耀目。这块匾是伍廷飏托时任国民革命军第七军总参议的同乡张任民出面，请国民党中央监察院院长、知名书法家于右任亲笔题写的。

没想到在艰难中建成的图书馆，仅仅存世17年就毁于战火。1945年6月，日寇退出柳州时，纵火烧毁了柳江图书馆，让人痛心惋惜，欲哭无泪……

伍廷飏是一个有胆识、有魄力的实干家，在政局混乱、人心浮躁的年代，邓植仪被伍廷飏的实干精神所感染。因此伍廷飏邀请他出任广西实业院院长时，邓植仪正想在农林事业中有更大的开拓。

1927年8月底邓植仪到达柳州，开始主持实业院筹备工作。广西实业院选址在大龙潭、羊角山之间，柳州东南隅，柳石路之左。此地东望鸡喇，南通石龙，场中道路首尾均与柳石路相接，四面石山环绕，场中平地宽广，水源充足，十分适宜农作。

实业院原址是柳江农林试验场，在此建设实业院有较好的基础，邓植仪对院址的选择很满意，用现在话来说是很接地气。虽然是新成立的机构，但并非从零开始，在物业方面接收了原广西实业研究院和柳江农林试验场所有财产，同时还将柳庆矿务调查处、柳石造林事务所、柳庆造林事务所等机构一块并入。实业院成为以农林研究为主，兼及矿务调查、工业制造和试验的机构。

邓植仪正式主持实业院工作，首先清点财产，然后招纳人才。他列出一串名单，这些能入他法眼的人，皆非等闲之辈，全是俊彦精英。那段时

间邓植仪像发布广告一样，不停地介绍广西实业院的情况，描绘未来图景，热情邀请以前的同事、朋友，还有一些得意门生到广西实业院来共创事业。

大家对邓植仪是信任的，再加上广西省府求贤若渴，重金礼聘。很快，一批出类拔萃的专业人才加盟进来，在羊角山下开始了艰苦创业。

主持各部工作的主任都有留学海外的经历，而且热爱农林事业，在国内大学毕业的同样具有真才实学，都获得技士和技师职称。

1927年10月3日，广西省政府正式任命邓植仪为广西实业院院长，并给木质关防一枚。当时广西政府在经费短缺的情况下，半年多的时间里就划拨了近40万元经费给实业院，邓植仪呈送了建造宿舍、厨房、浴室等设施的经费预算请示。实业院很快建成了物产陈列所、化验室、宿舍、厨房、浴室、乳牛房、耕牛舍、工人宿舍、鸡场、堆肥室等配套设施，后来还建起了办公大楼、员工宿舍等永久性建筑。来广西之前，邓植仪兼任中山大学建筑委员会主任，与校舍建设有难解之缘。负责建筑是一件很辛苦的事，俗话说：做屋造船，朝夜不眠。从农专到广东大学、中山大学，他都是校舍建设的服务者。来到广西实业院，建筑又成为他的首要任务。

一砖一瓦的累积，房子一天天长高，邓植仪看着有模有样的房舍，像十月怀胎的孕妇，体态丰满，内心充实。很快饭堂、宿舍、发电房、汽车房、

▲广西实业院全体职员合影

马房、田间凉亭都建好了，曾经偏僻清冷的荒地，转眼间就成了崭新的农科天地。

院舍建好后，添置了农具、图书、仪器，大家按部就班，开展工作。对于如何安排实业院的具体工作，邓植仪在广东主持农林试验场时就对这方面进行了探讨摸索，后来又在国立广东大学农场积累了实战经验，所以到广西实业院他几乎没走一点弯路，实业院很快就成为广西全省农科研究中心和示范基地。

将科研、生产、教育三者有机结合，能产生综合效益，更有利于实业院的发展。当时羊角山下的生活非常艰苦，场部距柳州市区有十几公里，是一个很荒凉的地方，但是全院上下都充满创业激情，在很短的时间里就取得了可喜成绩。

农务部的农艺课、园艺课种植了各种大田作物和园艺作物，林务部的育苗课、造林课按照林学方法进行育苗，引进种植新品树木。畜牧部规划牧场500亩，建成乳牛场、马场、耕牛场、鸡场、猪场、兽医所。1928年初建立了产品化验和制造部，实验室购置了专业书籍和检测仪器，实验室负责榨糖、油桐榨油法、酒精制造和饮料制作等工艺试验，并负责矿物调查、征集矿物以便进行矿山资源开发。

邓植仪把实业院当成一个农林综合体来经营，管理模式类似于现在的集团公司。不仅主攻农林试验，同时兼顾工矿研究，做到实践与理论并行。由于最大化地发挥了专家学者的创造性，实业院各项实验成果如雨后春笋，为广西农林、畜牧、矿产以及现代科研事业的发展起到了积极的推动作用。其中最突出的成果有农艺部的稻作试验。研究人员将培植出来的优良稻种，从播种、栽培、施肥、植保等方面进行试验，采用新的栽培技术，亩产达到了500斤。随后将试种成功的稻种推广到实业院周边的农户，扩大良种的经济效益。此举开创了广西近代水稻良种推广的先河。

畜牧部引进的新技术更让老百姓感到新奇。传统的禽类孵化方法是依靠母禽孵化，那种方法很笨拙，只适合家庭零星饲养，无法扩大规模，而且孵卵率低，成本高。采用机器孵化后，不仅提高了效率，而且成活率比之前也翻了一番。雏鸡人工孵化成功后，激发了畜牧技术人员的探索兴趣，加快了畜禽饲养繁殖新技术的推广。产品化验及制造部，对采集于各处的土壤样本进行检测试验，确定土壤性质和成分，为实业院施肥灌溉、土壤改良提供了重要依据。

邓植仪很注重开发地方农林资源，广西盛产桐油，桐油作为我国的特产，在中国已有1300多年历史。桐油的用途非常广泛，无论是轻工业，还是重工业，很多都需要桐油做原料。民国时期，桐油在中国对外贸易中占有极其重要的地位。当时中国丝绸、茶叶外贸日渐衰落，而桐油则成为中国新的重要出口资源。

广西作为桐油主产区，在实业院的影响下，政府对桐油的重要性也有了新的认识。1928年起，广西省政府采取各种措施，大力推广油桐树的保护和种植，正是由于政府行政力量的介入，广西油桐种植业形成了高潮，从而促进了整个农村经济的发展。当时官方文件列举种植油桐的好处，其他林木成材，需要数十年甚至百年不等，欲其成林快而收入早者，莫如油桐。实业院作为技术协作，全力配合广西建设厅推广油桐树种植和桐油加工业的发展。产品化验及制造部购置了榨油机，技术人员通宵达旦，紧张安装，很快机器安装完毕，开始冷榨和热榨的对比试验。经过反复调试，直至达到满意效果才开始批量制作新机器，为建设厅大规模兴建桐油炼制厂做了充分准备。

1929年1月24日，广西建设厅命实业院将桐油制炼记录和书籍各送一份，资料显示，在技术人员的反复攻关下，榨油技术日臻完善，建设厅和省府领导对实业院工作给予高度评价。桐油在20世纪30年代成为广西大宗林产品，除了满足内销之外,还有大量出口,一度成为广西经济的支柱。邓植仪主导的实业院为广西的油桐种植和桐油加工业的发展作出重要贡献。

邓植仪在实业院旗开得胜,全院上下信心倍增。广西桐油产业的迅猛发展,再次证明了农林业必须因地制宜,扬长避短。邓植仪从留美归国时就十分注重农业与气象的关系,为此他在实业院建立了广西最早的气象观测站。南京中央气象研究所非常关注这个观察站,令广西建设厅转令实业院和广西无线电台每天报告当地气象,为当地工农业生产提供气象服务。为体现实业院为民服务的思想,通过技术人员的勘测,实业院建成了柳州有史以来第一座自来水塔。当干净卫生的自来水通过管道在市民家里哗哗作响时,柳州人感觉一个崭新的时代已经到来,幸福生活已经开始。

仅用短短两年时间,广西实业院就因突出的科研成就,细致入微的为民服务,树立了良好的口碑。一些科研成果引起了周边省份农林机关的关注,各地试验机构纷纷来信来函,甚至派员上门求教取经,进行信息互通和农林产品资源交流。广西实业院在邓植仪的苦心经营下,成为广西农林科研领域的一张名片。

14

是金子在哪里都会发光。通过一年多的工作实践,广西实业院的局面已蒸蒸日上,从经营到管理均显现了邓植仪超凡的才干和胆识。广西省政府决定将实业院从单纯的科研机构改组为具有农业行政管理职能的农务局,制定广西未来农业发展措施,主持全省农林事务。

1928年12月22日,省政府正式任命伍廷飏为广西农务局局长,邓植仪、邹秉文为副局长。邹秉文是植物病理学家,也是农业教育家,曾创立东南大学农科,以及创办多个农事实业机构,他和邓植仪年轻时一同出国留学,

两人有深厚的交谊，并同时在东南大学农科任教。1915年留美期间，与留美同学任鸿隽、过探先、杨杏佛、茅以升等人发起组织中国科学社，编印《科学》月刊，成为中国最早的自然科学学术团体和最有影响的学术杂志。周恩来总理曾盛赞邹秉文、杨杏佛、茅以升的成就，称他们为"东南三杰"。

农务局的工作性质与实业院不尽相同，农务局需要行使政府的行政职能。由于伍廷飏当时身兼数职，公务繁忙，具体事务无法打理，所以农务局实际上是由邓植仪在主持工作。农务局成立以后，对全省各农林机关分别调整，将柳庆垦荒局改为柳江林垦局，将各林场、造林事务所划归各所在地的林垦区管辖，这样职责就更加明晰，工作效率也大有提高。

邓植仪利用机构调整的机会，运用自己在农专和农学院积累的经验，对农务局内部进行了科学设置。农务局总部设文牍股管理文书，庶务股管理杂务，编辑股负责推广部工作，场务股管理场务，科研方面设林垦部、畜牧兽医部、农艺化学部、园艺部、农业经济部。当时统筹农务局内部事务的除了邓植仪、邹秉文之外，还有作物栽培学专家赵连芳。赵连芳在20世纪30年代创办了全国稻麦改进所，主持全国的稻麦品种改良和推广，与邓植仪、邹秉文同属当时中国一流的农学家。

一个好汉三个帮，一个篱笆三个桩。在事业上有志同道合的好搭档，邓植仪对农务局的工作充满信心，他感觉在不久的将来，广西农林事业一定会迎来鸟语花香的春天。可是处在风云变幻的年代，许多美好的理想都化作了泡影，随风消散，所有的梦想都脱离了原有的轨迹，朝着无法预知的方向而去。回溯历史，一些人，一些事，从一开始就注定了必然的结局，这就是人们常说的命运。

1927年伍廷飏主政柳庆地区期间，与省主席黄绍竑曾多次商议，两人都有将省会迁往柳州的打算。伍廷飏为此主持了广西物产展览会的筹备工作，准备建筑一个大型展览馆作为省府将来的办公大楼。同时开始在柳州进行基础设施建设，包括开通公路、修筑码头、铺设铁路等大型市政工程。

1928年伍廷飏作为广西建设厅厅长，一边安排邓植仪着手筹备实业展览会，另一边让邓植仪负责筹备广西省第一次建设会议。

当邓植仪听到实业展览会这个名词时，精神为之一振，碎片般的记忆在眼前闪现，让他体会到时光倒流的感觉。世事轮回，世界呈现出一种圆形状态，从广东农品展览会，到广西实业展览会，有一种宿命般的巧合。这是命运的安排，还是历史的重现？邓植仪感慨万端，岁月在俯仰之间流逝，一切都似梦非梦。

筹备工作从1928年11月开始，当月邓植仪就起草了会议规程和议事细则。伍廷飏将细则呈交中央政治会议广州分会、中华民国建设委员会、国民政府交农矿工商铁路各部查实备案。伍廷飏还以广西建设厅名义发出电文，征求各方人士对建设会议的意见，函请国内外名流学者届时莅临指导。

1928年12月，邓植仪拟订了第一次全省建设会议简章，由伍廷飏转给广西政府批准。简章规定会员资格，当然会员由广西建设厅各处长和股长、各直属机关主管人员、技士为指定者，此外还有名誉会员任命、会议主要机构、提案审查委员会、秘书处、总务处、关于提案人提案、审议提案等规则。经过几次筹备会议和行政会议的讨论，大会的准备工作终于完成。

1929年1月1日，广西第一次建设会议在羊角山下的实业院召开。出席会议的代表有广西省政府各部门负责人、实业界名流、专家、学者等近百人。国内著名专家丁文江、李四光、凌鸿勋、莫定森等，还有新加坡、马来西亚等地华侨代表也应邀出席。实业院院长邓植仪为当然代表。实业院代表还有林务部主任张福达、畜牧部主任谭锡鸿、赵灿庭、钟宝璜、周达仁等技师，职员张心一等。会议由邓植仪宣布正式开始，宣读各界人士给大会的贺电，并致开幕词。邓植仪在开幕词中诚请各位代表为广西建设提出建议，指出"这一次会议并不是徒求形式的会议，是要切实定出一个良好的方针",为广西的实业建设指明方向。

邓植仪认为会议中最重要的内容是提案的提出和讨论,因此,他兼任会议提案审查委员会委员,负责审查出席会议代表提出的农林提案共20件。提案人均为广西各地的农林机关和行政机关人员。提案内容有关于改善农村组织、设立农民银行、减轻农产品运输费用、兴修水利、种植棉花、禁止放火烧山、造林护林、设立农林技工训练所等。经审议后提交有关部门参考。除了审查各代表的提案,大会还讨论通过了发展广西工商农林交通等方面的方案。方案相当于会议的决议案。会后邓植仪主持起草了《整理及发展本省农林方案》,内容包括发展广西实业的各项措施。

1928年伍廷飏下令,要求各地农林机关开办农林技术人员养成班,以适应农林事业发展需要。这个速成培训班由广西实业院具体指导进行。

当时广西实业院为培训农林技术人员确实发挥了重要作用,拟订了《广西实业院第一期农林技术员养成班简章》,得到伍廷飏批准。该简章主要内容是:1928年7月开办;培养宗旨为培养各农林机关、各县农林技术人员,以及指导改良农民生活的技术人员;学员名额为60人,生源主要是党部选派之"农工运动人员",这些人员免试入学,其他农家子弟须经考试录取方可入学。考试地点设在实业院内,考试科目为国文、数学、植物、动物、农业常识;入学学生须有担保人;学习时间为二年;讲授科目为数学、测量学、土地改良、农艺化学大意、昆虫大意、作物学、畜牧大意、园艺学、造林学、森林管理学、森林利用学、森林保护学、农具学大意、农林产品制造、农场管理学。根据邓植仪的教育思想,这些都是普及类的以传授基本农学知识为主的课程。养成班的教师由邓植仪和各部的技师、技士担任。学生除了上课,还安排了一定时间实习。

为了规范养成班的秩序,制订了各种规则,除练习、请假、宿舍、会食规则,还有学生遵守通则、教室规则、试验规则、自修规则、诊断规则等多种。广西实业院第一期农林技术人员养成班全体学员毕业生只有31人，学习途中有一半学员因为考试成绩不佳而退学。这是由于国民党部派送的免试学生基础差，学习不认真，被严格的考试制度所淘汰。

在广西实业院，邓植仪具有很高的威望，办事讲原则是邓植仪的一贯作风，即使是短期速成班，他也决不潦草马虎，必须办出成效、办出水平来。他的教育思想对我们当下的浮躁之风是一种反讽和警示。现在的办学机构教学是为了营利，学生学习是为了升官发财。这样的教学思想能培养怎样的人才？

成功的经验是一种宝贵财富，实践证明，邓植仪在广东农林试验场的管理方式是行之有效的。他在广西实业院也同样设立了调查部和推广部，这两个部的工作彼此协作，互有交叉。推广部根据邓植仪的指示，工作类型有文字宣传、口头宣传、农村调查、良种推广等，还负责编印实业院各种计划和章程细则。出版专题性的《实业专刊》，配合当局劝导民间大种油桐树，出版了《桐油专刊》，为防治兽疫出版了《兽疫专刊》。《实业季刊》每季一期，印数少则千本，多则数千本，根据需要而定。推广部只有3人，除了负责上述工作，还深入实业院附近乡村演讲，普及农业科学知识。由于人手不足，后与调查部商议，待调查员到各地调查时，完成调查工作后就地进行推广实业演讲，做到一职多能。

1928年上半年柳州发生牛瘟，实业院安排兽医技师钟宝璜进行牛瘟防治演讲，向农民发放"兽疫预防须知"，使农民掌握了防治牛瘟的要点。调查部从1927年12月开始，着重调查广西柳江区的马平、柳城、雒容、三江、融县、宜山、天河、象县、来宾、迁江、罗城、思恩、南丹、河池14县的调查报告，分别记述各县的位置、地势、气候、耕地概况、农民分布、农民经济状况、作物、园艺、森林、畜牧、工业、矿产、农村教育、大宗农产品14个方面的情况，实业调查还对调查对象提出了实业前途之希望的建议，用

文字和表格相结合的方式阐明问题。调查时在各县采集物产标本200多种。1928年出版的《广西实业概况调查报告书》对柳庆地区14个县的调查，是广西最早的分县实业调查报告，具有珍贵的学术与史料价值。

筹备广西物产展览会是邓植仪到广西后最忙碌的时期，展览会事务异常庞杂，首先场馆建造就是一项浩大的工程，涉及方方面面，同时还要落实展览会具体内容，如宣传展会、征集展品、审查展品。伍廷飏让邓植仪兼任广西物产展览会筹备会副主任，是经过慎重考虑的，知道邓植仪在广东农林试验场是有名的实干家，办事一丝不苟，作风严谨扎实，在业内外广为称道。伍廷飏军务在身，又兼建设厅厅长，公务繁忙，急需一个独当一面的得力助手，所以从广东把邓植仪礼聘而来，就是想委以重任，使他成为自己的得力干将。

邓植仪首先拟订了广西物产展览会简章，主持起草了《筹办广西物产展览会宣言》，由筹办处印制2000份，以广西省政府的名义向省内外散发。《宣言》中显示了广西政府发展实业的勃勃雄心，引起省内外关注。广西物产展览会筹备处得中华国货展览会筹备会函件，请在广西物产展览会处设一中国货展厅。筹备处要求民国政府批给5万元经费补助，参展厂商出一部分。该展厅专门推销国货，增强民众自信，这一举措有效推动了广西农业的发展。

为把展览会办好，扩大影响力，伍廷飏以广西省政府的名义专函外交部并转中国驻各国公使和领事，代为征集各国物产，还派出英文秘书黄宪昭前往英、法、美等国宣传广西物产展览会和征集展品。与1922年广东第二次农业展览会相比，广西物产展览会范围更广，定位更高，成为一个跨越国门，走向世界的国际性展会，所以展览会还未开始，其影响就已遍及国内外。

考虑到展览会的规模，需要兴建大面积的展馆，以及征集展览会的展品，每个环节都涉及大笔开支，虽然广西省政府为此划拨了巨资，但展览会场馆建设就花费了一半多。根据广西当时的财力，这次展览会可说是花了血本。如此大规模的展览建设，在广西史无前例。邓植仪负责这样的大型活动，感觉责任太重，事务缠身，无法兼顾实业院的领导工作，于是向伍廷飏提出辞去物产展览会筹备副主任的职务。

为了避免分散精力，造成顾此失彼，1928年10月邓植仪给广西省政府呈文，请求辞去广西实业展览会筹备副主任一职。请求获准，他一身轻松，欣然接受了出品部负责人一职，专门负责审查展品质量。这样一来工作效率大大提高，一方面为展览会的具体工作出了力，另一方面实业院的工作也能照常运转，没有丢掉。

由于展览场馆工程无法如期完工，广西物产展览会延期到了1929年3月。1929年开年之初，广西政局开始隐隐不安，有一种山雨欲来之势。3月27日蒋桂战争全面爆发。4月1日，何键通电拥蒋，脱离桂系。4月2日，桂系李明瑞、杨腾辉于前线倒戈，桂军遂于3日放弃武汉，败逃鄂西。

由于突发战事，自当年3月以后展览会工程建设已经停工，随着战事吃紧，张发奎派飞机轰炸柳州，城市建筑严重受损，展览会工地更是断瓦残砖，一片狼藉。倾注了邓植仪无数心血的广西实业院已人去楼空，一片萧条。筹备多时、耗资巨大的广西物产展览会最终化成了泡影。

冷酷无情的战争，摧毁了伍廷飏的人生理想。他乱世从军、开拓现代柳州城、主政广西建设，热心实业，创立农村试办区。虽然行伍出身，但他内心细腻，对战争早已产生了厌恶情绪。当看见满目疮痍、民不聊生的景象时，他更加痛心疾首。战争对实业的破坏、对城市的毁灭、对生命的摧残让人不忍目睹。

1929年6月24日，伍廷飏无法控制他的厌战情绪，在给李宗仁、白崇禧、黄绍竑打过招呼之后，把副师长梁朝玑唤到司令部，申明自愿隐退，辞去

第五章　挥洒汗水情牵粤桂

军职。6月底和黄绍竑转道安南抵香港暂住。

蒋桂战争使广西政局发生突变,带着满腔激情,奔波于两广的邓植仪,连遭重创,内心已经伤痕累累。他流下了无数的辛勤汗水,寄托了梦想和厚望的广西实业院遭遇惨败,到头来竟然颗粒无收。一个渴望远离官场、远离政治的农业专家,无法摆脱政治对他的左右和戕害,最终蒙上了一层悲情色彩。创造中国现代农业辉煌的美好理想,再次折戟沉沙。

处在战乱年代,理想只是个人的乌托邦,世间没有创业的乐土,再好的设想,再多的努力,也只能是空中楼阁,在虚无缥缈的梦幻中建造不出现实中的桃花源。虽然只是昙花一现,但广西实业院的价值和作用,在广西近代农业史上留下了难以抹去的印迹,这种虽败犹荣的谋民利、兴实业的过程,历史已经给出了公正的评判。

人无法选择父母,也无法选择时代。邓植仪如果降生在太平盛世,一定会有重大的创举,可是他无法选择时代,所以他的才能很大程度上被外因所控制,什么样的时代,就会产生什么样的结果。

人类历史上那些当时看来无比正确的运动和战争,永远挟带着某些人的强盛私欲。古往今来,虽然花样翻新,但本质未变,欲望与权力纠结起来,那就是生死拼杀的旋涡。正值青壮年的邓植仪遭遇了中国最无奈的军阀混战,摩擦不断,各个军阀为维护和扩大自己的势力范围最直接、最有效的手段就是通过武力解决。有历史数据显示,从1916年到1928年共发生有一定规模的军阀混战140多次。战争中军阀们为保全自己,四处招兵买马、扩军备战,而这些恰恰造成了老百姓的深重灾难。历史上所有的战争都是给老百姓带来创伤和灾祸的,所以说,远离战争就是一种幸福。

伍廷飏黯然离去后,邓植仪也变得心灰意冷,他辞去了广西实业院院长和农务局副局长职务。1929年6月末,身心疲惫的邓植仪,黯然退场,回到了广州。

第六章　重返教坛展抱负

15

1929年夏天,邓植仪带着一种酸楚的心情,离开广西实业院,回到了广州。当时省政府正在酝酿成立广东农林局,陈济棠四处物色局长人选。邓植仪已经名声在外,都知道他是个难得的人才,凭他在学界的威望,完全可以顺势转入政界,谋求新的发展空间。可邓植仪的兴趣不在官场,他一生只爱农学,无论顺境还是逆境均不改初衷。

寂寞是学者的人生常态,也是知识分子的本色。花团锦簇、烈火烹油的世界是属于权势阶层的。那个年代有一个很突出的现象,一些具有高尚人格和独立精神的知识分子,他们的人生目标绝不是追求荣华富贵,入仕为官,而是科技救国,文化兴邦。如果想谋取官职,当年留美归来就有很多的机会。邓植仪的志向是发展中国现代农业,发展农业教育,培养农科人才。他的奋斗目标是改变中国农业的落后现状,提高农民素质,让老百姓能有饭吃,有衣穿,都能接受良好的教育,过上衣食无忧的生活。

20世纪二三十年代,我国一批知识分子开始觉悟,他们看到了农民的疾苦,认识到中国的根本问题在农村,于是纷纷开始关心农业,关注乡村。

一代学人以独有的抱负和良知,投身乡村运动。如著名思想家、教育家、社会改造运动者梁漱溟就是其中一位。1924年,身为北大教授的梁漱溟离开书斋,走进乡村。他辞职赴山东主持曹州中学高中部;1929年任河南村治学院教务长并接办北平《村治月刊》。1931年与梁仲华等人在邹平创办"山

东乡村建设研究院"，倡导乡村建设运动。梁漱溟在乡村研究院成立了研究部、乡村服务人员部、农场、医院、图书馆、社会调查部和邹平师范学校。另外还成立合作社，教农民种植高产棉花，培养产蛋率较高的母鸡新品种，合作社饲养的猪比本地猪增重50斤以上。

这次乡村运动看上去规模并不宏大，但给邹平的现代农业带来了深远影响。邹平的现代农业从萌芽到破土，很快就发展起来。直至今天，邹平的农业仍然后劲强盛，基础扎实，是山东省第一个全国农业标准化示范县，第一个棉花标准化示范区和全省畜牧业生产基地。邹平水杏、长山山药、好生花卉、魏桥韭薹、码头白玉芸豆、九户牛奶都已成为畅销的名优农产品。

眼光长远、胸怀博大的知识分子，他们为乡村建设付出的努力，百年之后仍然让群众受益，这是真正的造福者。

邓植仪从广西回粤，重返中山大学任教。作为创办这所大学的亲历者，校园还有他梦想的延续，还有他未了的情缘。农林科主任沈鹏飞与他交谈时，邓植仪主动提出愿意兼任农场主任。邓植仪能出任农场主任，沈鹏飞真有点喜出望外，认为这个职务由他来担任，那是最合适不过的，邓植仪是最让他放心的人选。

"高等农校所负之使命，不仅造就人才而已，而且还负有改进地方农业之责。"沈鹏飞对邓植仪这一理念非常认同。1929年，沈鹏飞多次奔走努力，在他的提议下，广东省政府造林两万多亩，把一片荒芜的白云山建成了中山大学农科第一模范林场。让人痛心疾首的是，1938年11月，日本侵略军攻陷广州，一把火将白云山的森林、建筑悉数焚毁，只剩下"天南第一峰"牌坊和部分寺院的断壁残垣。直到1945年，才获得联合国善后救济总署广东分署5000美元的造林救助，重新开始在山北五雪岭一带造林。

烧毁破坏一片山林是顷刻之间的事，而营造恢复一处山林，却需要几代人的努力。农场的建设不是一朝一夕的事，如果把它比作为一幅山水画，筹建石牌农场就是勾描线条。只可惜线条还没有描完，邓植仪就被迫扔下了画笔。当他返回农场，就像重回画室，站在那张山水草图前，他一笔一画，一点一滴，注入真情，希望能把石牌农场这幅巨画描绘出独有的色彩和神韵。

前人栽树，后人乘凉，建好石牌农场，对整个学校具有重大示范意义。首先可扩大农科学院的教研基地，为学院奠定基础；二是有利于大学全面发展，可规划和建设新的中大校园。如果能把农场建好管好，将成为一举多得、受益无穷的事情。

邓植仪离开农科后，农场主任一直都由农学院教授兼任。石牌农场面积广大，地处偏僻，远离市区，到处都是荒山野岭。在农场工作，生活艰苦，往来不便，很多人都畏而远之。搞农业科研，建设农场，那是一件非常辛苦劳累的事，细皮嫩肉的文弱书生很难承受这份苦差。邓植仪管过农场，知道其中的滋味，但他还是主动请缨。在别人看来这是自找苦吃，只有理解邓植仪内心的人才明白，农场是他实现梦想的天地，在那里他才能找回工作的快意。

离开农场几年，邓植仪在脑海里多次描绘过农场的景象，他感觉那里茂林修竹，瓜果遍地，鸟语花香。可是抵达石牌农场后，他立刻傻眼了，原来一切都是梦中的"太虚幻境"，现实与想象简直有天壤之别。看到农场那个模样，他心里难受起来。除了少数荒山稀稀拉拉种植了一些松树、竹子和果树外，大部分山地杂草丛生，一片荒芜。当年筹办农场的艰苦历程、曲折磨难他仍记忆犹新，历历在目。每一寸土地都来之不易，都该倍加珍惜。可是农场却被抛荒闲置，邓植仪内心很是焦急。时不我待，不能再等了，他决定立即着手，为农场下一步建设作好准备。

接管农场不是一件容易的事，邓植仪感觉到肩上担子很沉。教学之余，

他全身心扑在农场，开始深入细致地调查。首先查看农场办事处的所有档案，发现各股的收支没有详细的账目记录，盈亏不清楚，日常经营状况是一本糊涂账。另外发现农场工人用完的农具随处丢放，肥料管理十分混乱，多拿少拿随心所欲，肥料施用更是毫无计划。

农场环境脏乱，遍地垃圾，场内交通不便，很多地方没有道路，已修通的几条路也是坑坑洼洼。在场内见不到一点生机，场部也没安装电话，与外界联系完全隔绝。

调查就像医生把脉问诊，他从每个部门每个事项入手，与员工座谈，分门别类地查找问题。在森林股，他察看栽培的树木生长如何，防虫除草是否及时；到农场桑林观察，看桑园的管理情况，进入蚕房察看喂养的蚕儿，与蚕桑专家刘伯渊交流，询问蚕桑股有何困难，商讨如何促进农场蚕桑研究的进展。

在稻作试验总场，与老同事丁颖教授亲切交谈，了解稻作试验场的进展，商议如何促进稻作试验场的工作以促进优良稻种的试验和推广。

他与农场的工人交谈，发现工人大多是文盲，对现代农业的概念一无所知。农场内部也没有一套针对工人的管理制度，纪律松散，出工随意，缺少制度约束，也没有考核标准，干好干坏一个样。特别是农学院学生到农场实习，事先没有告知该遵守哪些纪律，提出哪些具体要求，很难达到实习效果，更无法培养学生热爱农业、重视劳动实践的好习惯。

一路看完，邓植仪内心焦急起来，十年树木，百年树人。这种状况和他的教学理念相差甚远，培养出来的学生有可能一身的书呆子气，不理解农业，不热爱农业，不能学以致用，因此，必须立即加以改进。

这次调查他几乎踏遍了农场每一个角落，对农场的土壤水文做了充分调查，然后将这些调查资料加以分类整理，为农场的种植规划做好了前期准备。

接下来邓植仪对农场的各项规章制度进行梳理，有针对性和适用性地继续保留执行，不适宜的坚决取消，已过时的加以修订改进。通过调查考察，听取大家意见，他重新拟订了一套农场的发展规划，整理了农场各股的预算。他要求各股按照生产、研究、经营的思路使用资金，积极经营，争取盈余。

1929年8月15日，邓植仪在农场会议上向各股股长提出预算计划和经营目标，根据各股的实际情况调整了经营思路，对工作进行量化考核。同年9月4日，邓植仪主持了第二次农场会议，将农场年报编妥并提交学校有关部门印刷。会上重新将农场的经费和大学的校款给各股作了说明，宣布了农场1930年春季特别费余款支配办法。会上他要求各位股长以经营者的角色，掌握好支出，力争有结余盈利。

为了管好农场，邓植仪要求健全农场财务制度，如没有规范的会计核算，整个农场运行就会陷入被动和盲目。随着农场业务扩大和经费的增加，成本和利润核算必须加强，每一个细节都要考虑周到。邓植仪那段时间几乎没有过休息时间，他感觉管好一个农场，比当好一名教授要难得多，也辛苦得多。

1931年4月，邓植仪请来农科教授林崇真，由他负责农场簿记，在农场会议上林崇真向各股长宣布了农场簿记方法，在生产经营、收支核算方面有详细规定。邓植仪事先向各位股长逐一说明，农场的每一种产品经营都要进行入簿登记，不仅可知晓各股盈亏，而且还是各股的核算依据和资料，同时还能作为研究农场管理与总结经验的资料，对农科农政专业的学生来说，是最佳的实例教案。邓植仪的提议得到了各股股长的支持，从此，石牌农场的经营日益规范，各股的工作目标开始清晰，经营也很快走上了正轨。

为了按照近代农场经营模式办好石牌农场，邓植仪着手提高农场工人的素质，对工人进行制度化管理。为了培训工人，他动员农科毕业同学会义务在农场建立夜校，进行传帮带，农场专门为此建好校舍，每年拨出一定经费给予支持。此外对农场工人的管理拟订了详细的规章制度，由各股对工人进行管理和考核，奖勤罚懒，以提高劳动效率。随着各种规章制度的健全和完善，农场的面貌焕然一新，工人的主动性与积极性明显提高，大家好学上进，员工的精神面貌大为改观。

要让农场能持续发展，首先必须有一个长远规划。困扰农场开发的因素很多，但最主要的一条是农场内的祖坟，这是一个遗留问题，开始大家都采取回避态度，可是这个事实无法回避。这些祖坟有的成片修建，有的零星分布，占据了各个山头。平时农场开荒种植，常有顾忌，如果工人整地开垦时不小心触动了坟墓，村民就有可能与工人发生冲突。1925年那场风波就是一个深刻的教训，邓植仪与师生被围攻殴打，深究其因，除了幕后势力的煽动，主要还是源于祖坟山场。触动人家祖坟就会结下深仇大恨，那是老百姓心里最大的禁忌，在乡间，刨人家祖坟那是最恶毒、最大逆不道的事情。

邓植仪知道农场范围内的山坟就是一根导火索，这个隐患不彻底解除，迟早都会引发矛盾，闹出纠纷。农场要发展必须开荒整地，而要整地就得化解农场与村民之间的冲突，就得从祖坟这个根源上着手。

1929年9月初，邓植仪在农场会议上提出重新登记第二农场坟山。农场将坟山的所处位置、坟主姓名、家庭住址等详细资料记录存档，再由学校与番禺县政府交涉，转交石牌村，敦促乡民迁坟。同时以学校的名义向附近村民公开告示，严禁在农场范围内安葬新坟，在白云山中山大学模范林场也禁止葬坟。

当时旧坟未迁，新问题又来，邓植仪得知军方准备在农场范围内兴建一个大型的士兵陵园。为确保学院农场不被蚕食，他要求沈鹏飞向军方说明，力争军方选择他处修建陵园。在学校的交涉下，军方同意放弃农场所属的宝鸦、狮子、茶园等山冈划入陵园范围，使农场的土地得到了保护。

16

1930年春，邓植仪制订农场规划时，已经将中山大学新校园的建设作了全盘考虑。但是当农场扩建时，6000多亩的田地和山冈已经不够用。邓植仪向校长提出再多征收附近山冈，扩大农场面积，并为校园建设做好准备。校方采纳了邓植仪的意见，将拟征收的土地绘图向广州市政府提出申请。

申请呈报上去，不久广州市政府批准了中大农场扩充征地的要求。邓植仪主持农场工作时，石牌农场范围再次扩大，研究土壤的邓植仪有着与常人不一样的眼光，他知道土地是不可再生的资源，想建立一所现代化的大学，占地规模成为关键。

为巩固试验基地，邓植仪为稻作试验场增加了试验水田，前后征收农场附近稻田80亩。与1925年相比，1930年征收民田要顺利得多。中山大学农科受到来自政府的强力保护，石牌村乡绅和乡民再不敢惹是生非。随着农场建设规模的扩大，石牌村民也感觉到稻作试验场给他们带来了不少实惠和好处。石牌农场设立了农场总办事处，兴建了3栋工人宿舍，2座警兵炮楼，还新增了不少基础设施。

邓植仪非常珍惜农具，专门建了一个农具室，可以停放拖拉机和耕作机械。他重视机械耕作，先后向日、德、美订购先进农具，主要便于农艺股搞稻作试验，进行农产品加工，后来还建起了榨糖厂。

当时省政府也在引进农业机械，邓植仪得知政府新购了耕地的拖拉机，立即转告沈鹏飞，请他出面向省政府沟通，争取拨一辆给学校农场使用。在沈鹏飞的努力下，省政府终于同意赠予一辆耕地机给农场。

农场在大家的共同打理下，各方面都日益完善。为了进一步提高农场生产力，在邓植仪的争取下，1930年农场购置了抽水机、蔗机、开山犁、脱粒机、脱麦机、各种喷雾器等新式农具37种，其他农具数百种。在农机具的作用下，以往靠人力去完成的农事，很多都可实行机械化作业了。

一个现代农场必须实现整体发展，邓植仪在学校拨给的特别费中抽一部分给蚕桑股和稻作场，新建一些必要的场所。从节约的原则出发，邓植仪想起农场内有一座叫梁氏山庄的旧建筑，完全可以整修一下，重新利用。那样既保护了古建筑，又可旧物利用，节省开支。他安排资金和人力将山庄古建筑修葺一新，给蚕桑股扩充为蚕房，同时又解决了养蚕工人的住宿问题。

农场养殖容易产生对环境的污染，邓植仪要求畜牧股改造养殖方法，将牛栏、猪舍、鸡舍、鹅舍、羊棚，以及以人畜粪建立堆肥室，集中处理，通过发酵，变成有机肥。家畜粪便处理后施用到稻田和果园，能改善土壤肥力，提高收成，保护农场环境。

在大家的共同努力下，各股的生产效益和科研成果大幅提高。林业股育苗和种植进展很快，到1931年，农场大部分荒山都栽种了林木，荒山荒地已经绿树如荫，苗木成片。园艺股成果丰硕，不仅育有青梅、菠萝，还有风栗、潮州柑、南华李、香蕉、新会柚、沙梨、黄皮、凤眼果、蒲桃、番石榴、枇杷、龙眼、荔枝等果树数千亩。

水稻栽培试验是邓植仪最为关注的事情之一，这项工作由经验丰富的丁颖教授负责。邓植仪主管农场后，力主将稻作试验场经费及收入款项，概归农场管理。农场加快了稻作场的建筑，征收民田、购置农具，为丁颖的稻作试验提供最优越便利的条件。因此，石牌稻作试验场是第二农场中设施最先进和经费最充足的单位。邓植仪也将第一农场的大部分田地划作稻作试验田，仅余4亩地为蔬菜试验种植。

丁颖对水稻的灌溉试验、水稻地力试验、纯系育种和杂交育种都取得了重要的成就，这与邓植仪的支持不无关系。

农艺股其他作物的栽培也大规模进行，低地种植水稻，高田种植狗尾粟、木薯、竹蔗、腊蔗、刀豆、玉米、马铃薯。邓植仪有意在石牌农场进行小型糖厂的建设，故在农场种植甘蔗的土种和改良种。

1931年农场新机器榨糖取得较好的效益，1930年至1931年石牌农场进行小型机器糖厂的建设，成为广东糖业改良的先声，比冯锐主持的广东糖业复兴运动还要早。

蚕桑股的主持人刘伯渊在农林试验场时期已经追随在邓植仪身边，对蚕业改良认识深刻。农场有大片的桑园，种植改良桑树，在附近蚕房育种。1929年7月下旬开始，应用遗传学，以纯系分离方法，将广东"大造"、"轮月"蚕种作单蛾培育，选出纯正优良的原种，饲育试验之后，发现其出丝量增加。这一实验成果具有重大意义，在20世纪30年代前期广东蚕丝复兴运动中，中山大学农场蚕桑业改良已走在全省前列。

畜牧股由畜牧专家刘荣基主持，利用山地草场放养牛羊，建栏舍饲养生猪和鸡鸭。为了探索新的养殖项目，邓植仪从外地引进奶牛，进行养殖试验，取得良好效益。后来新校区建成，学校正式迁来石牌，数千师生都喝上了农场自产的放心牛奶。邓植仪这种自产自销、一条龙生产的治校理念，直到现在来看，依然闪耀着智慧的光芒，让后人由衷地敬佩。

17

农场就像学校的花果山，教学之余，走出书斋，可以寄情田野，放飞心灵。在这里观赏山野田园，体会农耕稼穑，收获稻麦瓜果。大学能拥有一个现代农场，就能让学生接通地气，夯实学校的经济基础，提升教学质量，陶冶精神境界。

农业高等院校是我国农业教育和科研实验的中坚力量，在培养高素质农业人才、为社会提供科研成果、促进农业全面进步等方面，具有不可替

代的作用。邓植仪掌管农场后,对农场的发展思路非常清晰,定位十分明确。农场既要注重经济效益,更要注重培养人才,作为教学实践基地,要不断发挥其综合功能。

1929年9月6日,邓植仪在农场会议上提出,着手制订一年级新生赴农场实习守则。通过讨论,与会人员一致推举,学生实习规则由邓植仪主持起草。当年12月11日,再次召开农场会议,会上通过了邓植仪起草的《学生农场工作规则》,以及考试办法草案,决定提交农科教授会议审核。后来这个规则由沈鹏飞建议,刊载在《中大日报》上,同时全面采纳实施。

农场建好后,学生在石牌农场实践效果明显提高。畜牧教授刘荣基,带领畜牧专业学生前往第二农场,讲解科学原理,将广州鸡分别挑选,哪种适宜卵用,哪种适宜肉用,进行比对,以供试验。在实习之前,学生要做好充分准备,要求阅读国外牧场报告,查找畜牧杂志和专业书刊的相关论文,带着问题前往农场实习。以理论加实践的方法,逐一把问题弄懂弄清弄透,并找出解决问题的途径和方法。

深入农业生产一线,是农业教学的重要环节,早在20世纪20年代担任广东农专校长时,邓植仪就把农业实践作为重点,所有学生必须参加农业生产实习。他担任农场场长后,将实习制度确定下来,使学生对所学专业有更深入的了解。

石牌农场推行开放式办场理念,只要有好的成果和技术,就会毫无保留地向场外农民推广。当时石牌农场成为广州东郊重要的农林新技术推广示范基地。

农场生产的产品在广州市场上大受欢迎,1931年夏,农场产品早稻收割达到万余斤,价值约2000元。竹笋、刀豆、番茄约价值500元,香蕉约400元,菠萝13000颗、价值1000元,花生约500元。种植的菠萝因品种优良，味道鲜美，市民赞不绝口，备受欢迎，售出的价格很高。石牌农场在农林新品种的推广传播中，已经产生了强有力的带动作用。

当时中山大学农林科能取得显著成绩，与领导支持密不可分。出生于广东番禺的沈鹏飞，1921年毕业于美国耶鲁大学，获林学硕士学位。作为我国著名的林学家、林业教育家，他主持中大农林科期间，总结并实践了治水必须治山，农林业必须同步发展的理论。在他的努力下，中大农林科得到了良好发展，各项工作打下了良好的基础。

邹鲁上任后，沈鹏飞向中大提出辞呈，中大农林科改为中大农学院。1932年2月，邹鲁任命邓植仪接任农学院院长。邹鲁重新担任中山大学校长是民国时期中山大学校史上最重要的阶段，邓植仪在这个阶段中不仅完善了农学院的建设，还参与了中山大学的新校舍建设与校务管理，对中大农学院与中山大学的发展作出了重要贡献。

广东大学成立时邹鲁是筹备主任，邓植仪是大学筹备委员会35名核心成员之一，两人知根知底，工作上配合默契，非常投缘。当年因工作的需要，共事几年后又各奔东西。可谁知世事多变，人生往复，虽然时局已有变化，但邓植仪还是很愉快地接任了院长一职，并根据他的教育理念对农学院的教学管理实行了大刀阔斧的调整和改革。

邓植仪上任后主持了第八次教授会议，会上他提出对上一学期上课不足的课程实行补课和补考，对补课时间和补考办法都作了详细规定。针对学生逃课现象，为纠正学风，整肃纪律，邓植仪规定上课前根据簿册点名，学生无故旷课，记录在案，责令改正，累计达到一定次数的学生，学校将采取相应的处罚措施，全体教员务必严格执行。这些措施执行后，教学风气焕然一新。

针对学生选修课程，审定必选课授课时间；拟订各门选修课指导教授；拟订学生选课手续和期限；各讲授教授和教师，应在考试后一个星期内将试卷和学生成绩送到办事处。按照校规对学生转学转系进行严格规范,如对理工学院转农学院的学生,按照本科转学规则办理。专科学生请求升入本科入读的,按照以前农专改大,所有农专毕业生转入大学本科之有效年限办理。当时专门部有三位毕业生请求升本科三年级,经教授会议议决批准,再经过外语考试,如不合格,可延期再考。

在教务管理上邓植仪严格纪律,不管什么人都一视同仁。有一名叫黎献仁的学生被陈济棠的第一军总部选派到菲律宾学习制糖,学习四个月,请求准其回国后,继续上课,以及补考学期试验课。但是邓植仪主持教授会议议决:"该生所请与本院学则有抵触,未便照准。如欲赴菲律宾,可以呈请休学一年。"不论出于什么理由,都必须按学校的规定进行。

为了更好地发挥各教授职员对学院教务管理的参与,邓植仪根据国立中山大学新颁组织大纲,设立院务会议以代替教授会议,增强了学院管理的民主性和科学性。

邓植仪主张大学生应该掌握好外语,能够达到熟练阅读外国文献的程度。1932年9月,邓植仪拟订了农学院外语考试标准和考试办法,并将这些文件连同函件呈学校教务会议。阐明过去由于入学学生的外语水平参差不齐,而施教之标准和方法不同,以致受过两年外语教育的学生,多数未能直接参阅外国书籍,使深造研究形成障碍。学校批准农学院的外文教学标准与考试办法,并在国立中山大学校报上公布,令各院参照实行。

这个规定的实行,提高了中大外语教学的整体水平。农学院还根据学生要求增设外国语种的教学,如1933年农学院专修一年级全体学生,请加开日文,得到邓植仪批准。1936年在农学院院务会议上,邓植仪进一步提出修订外国文教学标准考试办法,以期进一步提升学生的外语水平。农学院每学期举行外语考试,都要选外文最好的教授担任外国语考试委员会的委员。1934年的外语考试,英文选陈焕镛,日文选冯子章、林家齐为考

▲ 中山大学农学院学生在实习基地

试委员。他们都是精通英文、日文的教授,由他们主持能检测出学生的真实水平。

在本科教育方面,邓植仪主张农学院继续实行比较灵活的年级制和学分制结合的制度,学生修满学分,可以提前毕业,但须提交教授审核过的毕业论文。

1936年4月,四年级有一名学生提前修完学分,院务会议批准让他前往鹤山试验茶场实习,实习报告可以作为毕业论文。学生毕业论文须具有一定的学术创新性才能获得通过。

1937年农学系四年级有一位学生学分修满,呈请批准提前毕业,院务会议议决,毕业论文交指导教授核定,通过后批准毕业离校。

在农学院各学系的课程设置方面,邓植仪成立了一个课程设置委员会,负责审查各学系的课程。1936年3月的院务会议上,规定"整个课程须于修改者,应组织课程审查委员会办理,先由各系将所有关系于各系之科目限至本年三月以前修妥,再开联席会议,全体教授出席参加决定之"。有了这个规定,就能避免课程设置的随意性,使每一科课程都达到有实用性、科学性和合理性。

邓植仪对人才培养有长远的眼光，不论是农业教育，还是工科教育，既要有阳春白雪，也要有下里巴人。除了要培养能独立研究高深学问的本科生，也需要培养普通农业科技人才的专修班。

1932年4月他在教授会议上建议，下年度开始招收高职毕业生。经过讨论，会议决议："专修科之办理，注重实用，以育成农林场技术助理及农林推广指导人才为宗旨。应依此宗旨，由各系会同将课程拟订，再交本会审核。"

1932年5月，邓植仪向学校提出下半年农学院详细的专修科课程表和招生简章。此外还附设了女子蚕桑讲习班，专门接收来自蚕区的女学生。1932年拟订了详细的招生简章，1934年农学院大学本科生和农专生比例相等，前者造就高深学术研究人才，而后者培养实用技术人才，学生约200人，各占其半。但是当初专科的课程设置，有点像本科课程的设置，学生的知识结构也是综合性的农科。农经教授黄枯桐在第九次院务会议提出，现行农业专修班，颇类本科分班授课，应该改革一下。邓植仪亲自主持会议，经过讨论认为农专应从速培养专业化很强的稻作改良人才和土壤调查人员，以适应当前农业改良的需要。从下年度起，改订专修科目及办法，先开办稻作和土壤专修班，并制定专修班招生简章，复请下次院务会议审核。

1934年再举行另一期专修班考试，邓植仪为考试委员会主席。专修班开班后，部分学生觉得专修班名字不好听，1934年农学院学生团体和专修班代表向教务处申请，请将稻作、土壤专修科改名，教务处将学生的要求交农学院院务会议议决。邓植仪主持了院务会议，大家认为，如果改名则远离了开设稻作、土壤学专修班的初衷，议决不改。

▲ 1934年邓植仪在中山大学成立十周年纪念大会上致辞

后来农学院又设一年制的畜牧园艺专修班，同时畜牧园艺专修班呈请确定学历，农学院院务会议定为短期专修班，属初等职业中学，只能升高中。1936年，畜牧园艺专修班30余人毕业，邓植仪以院长与代校长的身份，在毕业典礼上致辞，说明了专修班的开设是为了适应社会的需要："南中国方面，关于园艺畜牧的技术人员是十分需要的，所以继'水稻土壤班'之后，就有本班的开设。"这个专修班，有部分成绩好的学生继续深造，大部分人毕业后从事农业经营。

1936年年底教育部颁布《特种教育纲要》，中大令各学院讨论实施。农学院的二年制稻作和土壤专修班、一年制园艺畜牧班已经类似特种教育，再加上更短期的培训班完全达到了教育部有关规定。邓植仪在院务会议上提议张卓堃、黄枯桐等七教授拟订有关细则。后来张、黄等拟订的关于推行职业补习教育办法案，在院务会议上通过。

为进一步规范学生在农场的实习制度，农科本科生一年级就需要在农场实习，这是邓植仪1929年下半年担任农场场长时提出的要求，目的是"欲其锻炼精神体魄，免将来易为不良环境所变迁也"。

学生没有特殊原因不能取消农场实习，1932年3月的教授会议上，有人提出在1929年入学的学生，一年级还没有在农场实习，到四年级时已

▲1934年中山大学农科学院

经修完所有学分,因为时间冲突,不能兼修农场实习一课,学生请求另选特别科目,与农场学分相抵。农学院教授会议议决不予批准,规定这批学生在当年暑假必须补足农场实习一课获得学分才能毕业。规定本科原定课程,连同农场实习,共计学分157~160学分,不能修改。

当年中大农学院纪律严明,对学生综合培养和全面锻炼的做法,让我们想到当下学校每年的军训。炎炎夏日,有些学生害怕吃苦受累,不愿参加军训,甚至有些家长主动配合孩子,以装病或有急事为由逃避军训。如此溺爱孩子的父母,殊不知这种看似关爱的做法,其实对孩子的身心成长极为不利。

学生选择了农学专业,首先需要吃苦耐劳,真心热爱农业。根据林家齐教授的建议,农场进一步完善了《学生农场工作守则》《学生农场工作考成办法》等细则。新修订的《学生农场工作守则》对学生在农场实习做了更详细的规定,如学生劳动以农场职员为指导员,每次操作完毕发给作业完毕证一张,如果在工作期间无故停工,或应付了事,不仅不发给工作完毕证,还要记缺点一次,连续记载缺点三次,视为旷工一次。学生对农场的劳动工具和作物,都要悉心保管爱护,如有故意损坏将采取相应处罚。

根据《学生农场工作考成办法》规定，学生在农场工作质量计50%，每个学期工作分数，以工作日数除之，两学期之平均分数为全年工作平均数。工作之质量，各有等级。工作卓越者，可给最高分数。每次工作成绩，由指导员呈报院长。学生违反规则，会受到处分，影响学分。学生因故停止工作的应在假期内补足《学生农场工作守则》规定的30个工作日。农场还制定《学生窃取农产品案罚则》，经农学院教务会议通过：校内大学生窃取农场产品，一律罚款10元；本院学生则罚款外，还要记大过一次，再犯则停学一年，复学再犯将开除学籍。如此严厉的处罚措施，有效规范了学生的自律行为。

农场不仅是学生磨炼意志、深入社会的场所，还是教学实习的大课堂。农场劳动和农场实习课程是两个不同的科目，农场实习课程由各教授根据需要提出，如栽培学教授林家齐建议增加茶蔗改良实习课，学生上完课要撰写茶蔗研究论文，提前上交。农场实习促进了学生对农学的兴趣，1934年5月，畜牧部学生在农场宿营，实习挤奶、喂猪，实行完毕该部同学对畜牧生产留下了深刻印象，实践锻炼的效果十分显著。

邓植仪认为现代高等教育学系的设置异常重要，设置是否科学合理，将直接影响到办学质量和教学效果。1933年年底，农学院只有四个学系，当时省政府发起蚕丝复兴运动，邓植仪决意创造条件将蚕桑门升格为蚕学系。1934年的院务会议上，议决成立蚕桑系，请杨邦杰拟订计划呈校长。随后院务会议通过了蚕桑门改系的决议，委托丁颖、彭家元两教授审议具体方案，中山大学函准农学院蚕桑门改为蚕学系。

升级为蚕学系需要有学术带头人，邓植仪想到了1929年曾在农学院担任教授的蚕学专家沈敦辉。省政府曾派沈敦辉赴德国留学，研究蚕种优生专业，沈教授学成归来时，蚕丝局聘他为技正，工作条件很好。邓植仪主动与沈教授联系，邀请他回来主持蚕桑系。开始沈教授没有同意，后来

几经交谈，终被邓植仪求贤若渴的诚意所感动。1935年正式担任农学院新成立的蚕学系主任。沈敦辉到校后，根据他的经验和主张，确定蚕学系的教学方向，后来蚕学系成为农学院一个重要的学系，带出了一批优秀的学生。

为了培养一批教学和科研人员，邓植仪主张派一批品学兼优的助教到外国留学，在中大各学院率先拟订了《农学院助教和技术人员留学外国暂行规则》。凡是教学和科研有成就的助教和技术人员可以申请公费资助出国留学，学成须回农学院任教。这个规则在人才培养上有很强的操作性，得到了校长邹鲁的批准。

培养计划施行后，加快了人才的涌现，培育了谢申、蒲蛰龙、赵善欢、简浩然、凌化育、黄耀祥等一批著名农学家。农学院这一开创性做法，在中山大学师资培养上具有里程碑意义，实践证明这是一个行之有效的措施，后来这种做法在中大其他学院得到了推广。

办学是一个聚集大家智慧、聚沙成塔的过程。邓植仪认为现代农学离不开世界性的文献参阅，农学院必须有自己的专业图书馆。1934年在院务会议上通过了"整理本院图书馆案"，确定一人为常务管理员，同时还指定丁颖等三人为图书馆分馆委员会委员。图书馆分馆委员会负责审理购买农学院各学系所需的图书，以适应各学系农学研究的需要。这使后来农学院的馆藏图书有专业特色，有文献价值。农学院除了购买大量农业科技方面的图书资料，还购买与农学史有关的古代农书。丁颖在民国时期除了研究水稻栽培学，还研究水稻的起源，20年代就撰写了《作物名实考》等农史研究论文，丁颖主张古农书应在图书搜集之列。邓植仪对丁颖这一建议非常赞成，当时购买的古农书后来成为珍贵的资料，是研究我国古代农史不可多得的典籍文献。

19

　　邓植仪复任原职后，农学院出现新的面貌。学院拟订了三年建设计划，三年内学院教学、科研将与广东农业改良相结合，完善各学系管理，一方面研究如何解决农业生产中出现的新问题，另一方面注重现代农业服务的人才培养。农科教研要立足为当地农业改良服务，以解决民生问题，落实所需经费。

　　虽然当时外部环境很差，但是学院科研经费大部分都是与校外合作获得，使学院的科研成果及时转化为成果，为广东农业改良发挥了重要作用。

　　邓植仪十分重视农学院学科的整体水平，在学系之间没有偏颇。林学系是农学院的重要学科之一，邓植仪二次接任院长后，立即规划建设新的林场。1932年3月，德籍教授阿善罗（Dr.Hanns Eschenlohr），深入英德滑水山一带进行森林资源调查，回来后撰写了《滑水山森林调查报告》。滑水山地处南亚热带与中亚热带过渡地区，植被类型繁多，是广东省境内植物物种最丰富的天然林宝库。主要物种有高等植物272科1035属2423种，其中蕨类植物33科62属136种、裸子植物10科18属26种、被子植物175科712属1575种。仅药用植物就多达800多种，还有珍贵的伯乐树、苏铁蕨、桫椤、黑桫椤、金毛狗、水蕨、福建柏、华南五针松（广东松）、半枫荷、香樟、闽楠、花梨木等18种。

　　阿善罗对滑水山植物多样性非常感兴趣，于是向邓植仪请缨，要求到英德开办滑水山林场。邓植仪看完他的调查报告，表示全力支持。经请示校长，同意在第一林场（白云山林场）经费项上，每月划出500元作为滑水山第二林场的筹建费用。后来虽然滑水山林场划归军队管理，但中大农学院为滑水山林场的资源保护与分类发掘发挥了重要作用。

　　1933年年初，侯过教授提出建议，农学院在白云山林场黄婆洞一带栽培速生果树，计划种植适宜当地土壤生长，成熟时间较短的青梅、白橄榄等果树共计3万余株。此举不仅绿化了荒山，而且还补充了学校部分经费。

1933年夏天，侯过赴惠州西湖创办中山大学第二模范林场，邓植仪建议校方聘请黄枯桐教授接任白云山模范林场主任一职。黄枯桐曾在广东农专任教，参与创办广东大学农科，他受邀重回中大，校长邹鲁亲自设宴欢迎，并请各位院长陪同。

黄枯桐被礼聘回来后，果然不负众望，他首先整顿纪律作风，不准林场工人和职员随意下山，荒废场务，对违反纪律的人员公布名单，进行处罚。对吃苦肯干的工人给予表彰和奖励。

通过实施严格的管理考核制度，林场的局面大为改观，到1935年，林场内的荒山全部实现了绿化，造林面积达21800亩。邹鲁在邓植仪、黄枯桐、张农的陪同下，检查了林场工作。邹鲁看见桉树、油茶、油桐、苦楝、银桦遍布山野，非常高兴，不停点头，对林场的工作给予很高的评价。

这一时期是农学院发展最快的时期，不仅水稻试验、造林、病虫害防治、园艺学、畜牧方面成果显著，而且蚕桑的改良也深得农民信任。三水蚕桑改良所业务不断扩展，1934年中山大学迁往石牌新校，农学院设立了蚕学馆，江苏派技术人员前往广东商洽蚕种改良合作事宜。邓植仪和蚕学系教授杨邦杰商议，同意农学院进行新蚕种试验，并着手计划将广东本地蚕种和江南蚕种杂交，以育成新种。1935年农学院将蚕桑门升格为蚕桑系，将培育的新种在顺德乐从一带推广，深受蚕农欢迎。

20

广东气候温暖，适宜果树栽培。邓植仪与园艺学教授温文光商议如何拓展广东柑橘类植物研究。温文光在1932年出版了《柑橘果类栽培改良法》，书中浸润了作者多年的心血和研究成果。邓植仪支持温文光,将研究成果应用到实践当中,产生更大的经济效益。

为开展柑橘栽培研究,拟在种植较广的从化建立柑橘试验场,后因为用地原因,试验场选在了新会。温文光调任广东农林局园艺系主任,中大农学院毕业生何立才成为他的助手,当时农学院园艺研究会成为最活跃的学术团体,有力推动了广东园艺事业的发展。

畜牧专业的学生利用农场畜牧股这个平台,进行有针对性的教学实践,学生详细记录在农场学习的心得,比如饲料配制、圈舍清洁、畜禽阉割和配种等技术的体会。教授引导学生参与农场畜禽良种繁育实验,邓植仪联系农林局,让农林局水产系在农场的湖泊中进行鲮鱼和草鱼人工繁殖试验,农林局负责资金和技工,农场协助试验,成果共享。

为了加强养蜂业研究,邓植仪专门从美国请来养蜂学教授乌里德尔执教,引进新式养蜂设备,建立蜜蜂改良基地,推广良种,增设养蜂实习班,使广东养蜂业很快走上了良性发展轨道。

中山大学农学院在邓植仪的苦心营建下,大家精诚团结,发奋钻研,取得令人瞩目的成绩,引起了国内农业机构和政府官员的关注。广西和湖南两省纷纷抛出橄榄枝,要求与农学院合作,就连军政要员在商讨军政大事之余,还念念不忘石牌农场。1934年5月,陈济棠和何键、李宗仁、白崇禧等政要在广州商议军政大事,会议结束专程赶往石牌农场参观。校长邹鲁请他们品尝水果等农产,参观林地、茶园、桑园、稻田、蔗田,以及新建的教室和宿舍。大家对农场建设赞赏不止,并给农场题词题字。邓植仪、张农、萧冠英等人陪同。

何键回湘后主动联系邓植仪,要求中山大学协助南岳造林。根据何键的要求,邓植仪指示林学系拟订南岳造林大纲。1936年12月底,邓植仪和张农、侯过等人亲自前往南岳实地调查,回校立即拟写了南岳造林计划大纲，呈送湖南省主席何键审阅。何键对造林大纲非常满意，次年再次邀请邓植仪、张农到湖南协商合作事宜。

要想办成一流大学，一流学科，必须开阔视野。中山大学农学院在稻作改良方面开始与国际间合作，除与中央稻麦改进所合作外，还与美国育种专家洛夫，岭南大学、中大农学院共同组建广东稻作改良研究委员会。1933年2月上旬洛夫抵达广州，在中大农学院与丁颖等人进行学术交流。1934年中华农学会在中大农学院召开年会，议决请当局拨洋米税增加米粮生产、改良蚕丝；介绍邓植仪等25人为中华农学会候选委员。1936年夏季，

▲1935年邓植仪在美国加州农学院考察黄麻种植情况

▲1936年11月在石牌稻作试验场合影，左一为邓植仪、中为丁颖、右为张农

中华土壤肥料学会成立。1937年12月下旬该会举行年会，邓植仪随同邹鲁到上海之后转道杭州参加中华土壤肥料学会会议，何键邀请邓植仪返粤时绕道长沙，双方再次商议合作方案。可见当时何键对中山大学农学院的造林技术的需求非常迫切，他希望在湖南干出一番事业来。

1935年邹鲁拨出资金，让邓植仪在当年下半年参加世界万国土壤学大会和世界教育会议，令其在沿途考察各国农林事业与教育概况。邓植仪此行出国，经历几个国家，历时165天，1935年11月23日返校。邓植仪回来后感慨良多，将考察中的所思所想以书面形式向中大作了汇报，总结了此行的收获和心得，介绍了外国先进的农业行政管理经验和农业教育制度。

邓植仪提倡学生走出书斋，他热心帮助有创业抱负的青年兴办实业。1930年初，他的好友余觉之曾在日本攻读造纸专业，筹集资本回家乡创办江门制纸股份有限公司。初以烂布造纸，但当时因原料有限，供应不足，无法生产。邓植仪建议他创办一个林场，种植速生丰产林，提供造纸原料，农学院可以提供技术方面的支持。余觉之觉得邓植仪的建议甚好，于是筹集了十几万银资，办起了冈州植牧股份有限公司，以新会城西银盏坳一带的李苑村后的40多个山头为畜牧、林业基地。植牧场开办后，由邓植仪介绍一位中大农学院毕业生负责场务管理和技术指导。冈州植牧股份有限公司成为抗战前江门地区最大的农业企业，一直维持到抗日战争爆发新会沦陷才被迫关闭。

在邓植仪的精心管理下，中大农学院在周边省份有了很高的知名度。可是良好的开端还没来得及欣喜，一场战争悄然降临，他那科教兴农的梦想很快破灭。那些即将取得成果、正在大展抱负的教授学者，那些正在发愤苦读的学生，由此改变了人生命运，等待他们的是一段艰难困苦的动荡岁月……

第七章　真情见证烽火岁月

21

1931年九一八事变，日本占领东北三省，随后又将魔爪伸向华北。1937年7月7日，制造了卢沟桥事变，日寇发动了全面侵华战争。在这场空前的劫难中，中国高等教育事业遭到了最严重的摧残，就连教会大学也未能幸免。

为延续和保存文化命脉，拯救国家，培养人才，高等院校师生冒着纷飞的炮火，进行了一场大规模的内迁。这场因战争而引发的院校大迁移，成为世界教育史上一大奇迹。其间经历的苦难正如西南联大校歌概括的："万里长征，辞却了五朝宫阙，暂驻足衡山湘水，又成离别。"

当时全国共有高等院校(包括专科学校)108所，大多数分布在东南沿海和沿江地区。特别是南开大学首当其冲，教学大楼被炸毁，秀山堂、思源堂、图书馆全被烧毁。日本侵略军为实现灭亡中国的计划，有预谋地制定了摧毁中国高校系统的阴谋，针对教育设施狂轰滥炸，肆意捕杀师生，很多院校遭受到了严重的损失。面对日军恣意摧毁中国各级学校和文化机构的罪恶行径，1937年11月5日，由中央研究院院长蔡元培、南开大学校长张伯苓、北京大学教授胡适、北平研究院院长李煜瀛、同济大学校长翁之龙、北京大学校长蒋梦麟、中央大学校长罗家伦、沪江大学校长刘湛恩、清华大学校长梅贻琦等102人，联合发表声明，揭露日寇破坏我国教育机关的滔天罪行。声明说："北自北平，南至广州，东起上海，西迄江西，我国教育机关被日方破坏者,大学、专门学校有23处,中学、小学则不可胜数……诚所谓中国三十年建设之不足,而日本一日毁之有余也。日方此种举动,每以军事必要为借口,殊不知此种教育机关,分布各地,往往距军事区域非常遥远,且绝与军事无关。日人之蓄意破坏,殆即以其为教育机关而毁坏之,且毁坏之使其不能复兴,此外皆属遁辞耳。"(《蔡元培全集》,第7卷,高平叔编,中华书局1989年版)。

108所高校,有91所遭到日军不同程度的破坏,其中25所炸为废墟,被迫停办。只有少数院校迁往上海租界,托庇于外国人势力之下,其余大多数院校在遭受摧残后仓促内迁。

抗战期间,中国教育损失惨重,1946年11月联合国教科文组织在报告中写到:"中日战争8年间,中国教育文化受重大摧残,日本认为各级学校均为反日集团,知识青年都是危险分子。"当时,"日军极力奴化青年之思想,摧残教育及文化机关,欲以消灭固有之文化"。

1937年至1938年间,中山大学多次遭日军轰炸,部分校舍被炸毁,死亡5人,伤10余人,损失一批图书和仪器,学校被迫停课。

1938年10月12日,华南战争爆发。9月7日,日军大本营在御前会议上作出进攻华南的决定,民国政府却错误地判断:日军不敢轻易进犯广

▲ 中山大学师生迁移云南澄江途中

州。因此，当武汉会战开始后，第四战区再次调派4个师北上增援，使本来兵力薄弱的广州地区防守更加空虚，日军乘虚而入。

10月12日，日军第十八、第一〇四师团，由澎湖列岛马公出航，在第五舰队海空兵力的支援下，从广东大亚湾登陆。次日，日军狂炸广东惠阳。3天后，惠阳失陷，19日，日军突袭增城，中国守军2万多人一触即溃。21日，余汉谋部撤出广州，广州沦陷，整个城区葬身火海。

日军占据广州后，切断了广九和粤汉两铁路的联系，攻占从化。22日，日本海军航空队110架轰炸机和第五舰队的舰艇编队袭击虎门要塞，战火迅速蔓延。

鬼子进城了！鬼子进城了！一时间广州城笼罩在恐怖惊慌之中。有钱人带上金银细软弃家出逃，穷人则拖家带口，含泪奔逃。几条出城的道路塞满了逃难的市民，一些从前方败退下来的官兵也混杂其中。一路上拥挤、踩踏、斗殴、咒骂、哭喊声响成一片，这个时候谁也顾不上谁。

面对疯狂的日军，中山大学迅速作出迁校决定。短短几天就完成了物品的装箱打包工作，将随迁的物资捆扎好后，立即联络货船装运。

10月21日前师生已分批撤离。萧冠英、邓植仪、杜定友与各院院长亲自参与和指挥搬运。当时只能选择水路，船运的第一站是西江上游的罗定。当晚月黑风高，城里不时传来枪声，师生和家属前几天已经撤离，邓植仪心里稍稍踏实了一些。他们是校方最后一批撤离人员，必须抢在鬼子进城前的十几个小时完成平时一个星期也无法完成的任务。当时大家的心情无法形容，师生流着鲜血，头顶上轰鸣的敌机，废墟般的城市，惊恐的百姓……离开学校时，大家百感交集。

抢运转移的图书、仪器和教学资料，都是学校重要的物品，一旦损坏或丢失将永远无法弥补挽回。十几天来邓植仪没有时间歇口气，他们与搬运人员一起，不分昼夜在忙碌，直至将物品运送到码头。穷凶极恶的日寇像恶狼一样朝广州扑来,沦陷之前的广州城显得凄凉而慌乱。邓植仪带领大伙马不停蹄地抢运,他知道剩余的时间已经不多了,必须争分夺秒,与时间赛跑,才能抢在日寇进城前安全撤离。

那是一个惊心动魄的时刻,平时一脸柔弱的文人,到了生死存亡关头,却能迸发出顶天立地、无私无畏的英雄豪气。先安排师生和家属撤离,搞好物品转移,做好人员安排,每一件事都像一座大山,压得人透不过气来。

转移搬迁还算顺利,除了600箱图书和仪器没能及时运出,存放于沙面、香港等地外,其余物品全都装船起运,转移出去。

故乡总是难以割舍的,家园故土,那是生养自己的地方,可是面对强敌入侵,面对流血和杀戮,手无寸铁的弱者只能被迫选择逃亡。看着故乡渐渐远去,悲伤与愁绪塞满心头。夜幕低垂,江面一片漆黑,虽然看不清流水的颜色,但能听到江水在悲愤地呜咽。师生们以为这只是一次短暂的迁徙和转移,万万没想到这一走竟然是离乡背井,整整7年。7年间,三易校址,数度迁徙,先迁云南,复迁粤北,三迁粤东,颠沛流离,苦不堪言。

夜色中船队悄悄出发,溯江而上,星夜兼行。押运物品的校工与船员相互安慰,拼力撑船,驶离险境。由于负载的物品太重,逆水而行的船只行进十分缓慢,一天一夜的苦行,才到达顺德勒流。白天敌机在空中盘旋侦察,只要发现可疑情况,就会掷下一串炮弹,顷刻间生灵涂炭,惨不忍睹。

呼啸而来的敌机发出震耳欲聋的巨响,惊惶失措的船工吓得弃船而逃。依靠人力行船看来是难以抵运,邓植仪与随行人员商议,决定到顺德陈村和新会江门请来机动轮船。在机动船的拉动下,船队顺利抵达了罗定。

当时有部分年老体弱的院长和主任随船从水路出发,另一部分翻山越岭,经肇庆、云浮等地分头抵达。这次迁校船队共运输学校物品1185箱,重144吨。在罗定经历了短时间的开课,随着日军侵略范围的扩大,罗定上空时常有敌机侦察骚扰,惊扰师生正常的学习和生活。

第七章 真情见证烽火岁月

11月中旬,萧冠英与邓植仪、总务长、事务长、各院院长商议,认为罗定并非久留之地,看当时态势,战火很快就会蔓延过来,学校必须再迁。适宜迁移的方向只有广西、云南等省。考虑就近原则,学校重迁的第一选择是广西龙州。学校撤离罗定时,80多名应届毕业和未毕业的罗定籍学生,在罗定浮绿仙馆设席,欢送代校长萧冠英和教务长邓植仪一行。

没有想到,中大再次迁移并非行程的结束,而是流浪的开始。兵马未动,粮草先行,人还未上路就得作好周密安排,所有细节都得考虑。经过几次商议,由萧冠英、邓植仪以及各院院长组成运输委员会,下设总务、押运、编配、调查、收支各组,每组设主任一人,推荐秘书长、教务长、总务长、各院长、图书馆主任、文书部主任、庶务部主任、会计室主任及教授数人为委员。推选邹卓然为主席,张掖为总务组主任,杜定友为押运组主任,虞仰泉为编配组主任,张梦石为调查组主任,盛礼约为收支组主任。每组配设干事数人,制订章程。出发前派调查组率同事在梧州、桂平、南宁等地设站,另请崔载阳、刘均衡、胡兆辉各教授及助教蔡启生、讲师叶锡荣等人先往龙州等待,以备接应。

萧冠英一行先到龙州考察,发现龙州并不适宜办学,只有另择更为合适的校址。当时刚好邹鲁在重庆养病,他考虑中大应该迁往云南较为理想,于是委托老家云南的原中山大学法学院院长邓孝慈在云南寻找校址。邓孝慈对选择校址的事情非常慎重,他找到曾在中大任教的吴信达商量,吴对澄江的情况很熟悉,澄江是有名的鱼米之乡,他认为学校迁往澄江非常适宜。

正在奔赴龙州的师生,途中忽然接到转道澄江的命令,大家虽然感到有点意外,但没有任何抱怨,既然已经上路了,不管路途远近,大家都是跋涉的旅人。萧冠英安排师生分批择道而行,途中遇上突发事件,要随机应变,并给师生发放了《赴滇指南》,大家约定在澄江集中,争取早日复课开学。

22

为了作好接应准备，让师生抵达澄江后有地方安顿，能够及时开学，萧冠英令邓植仪与各院长及多名教授先期奔赴澄江，成为中山大学迁校安置的排头兵。

邓植仪一行的任务是筹备校舍，储备后勤物资，安排开课事宜。先行人员在澄江县城普福寺成立了办事处，筹备工作由刘均衡教授主持，邓植仪则往来于昆明与澄江之间，负责各方协调，做好校舍和教学设施的筹备工作。

先遣人员是最辛苦的开路先锋，从现在的交通条件来看，如果从澄江至昆明行走高速，全程仅56.6公里，往来两地是顷刻之间的事。可是回到1938年，那就成了一段难行的天路，当年行走在这条路上，那种艰难险阻无法想象。四周都是崇山峻岭，连接两地的只有崎岖山路，连牛车马匹也通行不了，唯一代步的工具只有滑竿。但是邓植仪不惧艰辛，穿行于山高林密的羊肠小道，极少乘坐滑竿。不坐滑竿首先是为学校节省开支，二是邓植仪不习惯坐在滑竿上那种缓缓悠悠的感觉，看到轿夫们汗如雨下，自己倒成了作威作福的恶人。于是他一直风来雨去，不停奔波，无怨无悔地为筹备校舍日夜操劳。

初到澄江古城，情况不熟悉，天天要到外面跑，工作千头万绪。那段时间邓植仪每天都有干不完的事，操不完的心。日子过得虽然紧张，但也充实。远离战火，邓植仪心里踏实了不少，澄江这个位于云南省南部的小城，被称为西南鱼米之乡，虽然交通不便，但气候温和，土地肥沃，物产丰富。更重要的这里民风淳朴，风景秀丽，给人一种世外桃源之感。邓植仪一到澄江就喜欢上了这里，在炮火纷飞的年代，澄江有如此安宁的环境，确实是办学的理想之地。

学校迁址非常复杂，牵涉的事情也很多，既有教学方面的，也有生活方

面的，每一件都得花精力去落实。作为先遣人员，到达澄江后一刻也不敢懈怠，首先对县城内外进行了细致勘察，发现县城周边无一处可容纳千人聚居的办学场所。为确保师生到达后能即行开课，只能另想办法。根据当时的条件，在短时间内大规模新建校舍根本不可能，时间和经费都不允许。邓植仪与同事们商议，认为只能先采取变通的办法，整修周边一些庙宇祠堂，借用过来作为临时校舍。每个学院集中到数个邻近的村落，最好连成一片，便于沟通管理。实在是无法安顿的片区，就请工匠搭建简易校舍，作为过渡期使用。

在颠沛流离中办学，有多么不易！那种兵荒马乱的年代坚持人才培养，有多么困难！如今这些养在蜜罐里的学生，出入于花团锦簇的校园，根本没法想象当年的艰辛。广州沦陷后，中山大学被迫撤离，辗转数地，历经七年动荡，三易校址，几度迁徙，国难当头，为的是复兴民族，发展教育。

师生们在流离失所中坚持学术理想，在险恶动荡里坚持抗日救亡。当校园越来越远，大家回首遥望，千山阻隔，思乡日浓。某个清晨或黄昏，马思聪教授忧伤的琴声给奔波漂泊的师生带来了慰藉，他们给前方抗日将士募捐衣粮，成为那段岁月的见证。月夜中，一首《思乡曲》，让师生们泪水长流。

1939年2月初，经过千辛万苦的长途跋涉，全校师生员工分期到达澄江。这是一次艰难之旅，像唐僧西去取经之路，一路上随时都在考验师生的意志。后来有人称这次中国高校大迁移为"中国文军长征"。从陆路抵达的师生，用脚板丈量了广州到澄江的距离，他们永远记住了衡阳、独山、都匀、贵阳、昆明、呈贡、澄江。自水路抵达的师生永远记住了汕头、澳门、香港、海防、河内、昆明、呈贡、澄江。

最终抵达澄江的师生员工有两千多人。学校的办公地设在澄江县城北边一栋旧大楼里，经过修缮之后，大楼旁边新建了楼台亭阁，四周种了花草，清新简朴的环境，给人一种别致的感觉。

在邓植仪、刘均衡等先行小组的细心安排下，各学院都有了栖身之地。文学院分驻城内的文庙、凤麓、玉观楼、观音阁,城外斗母阁和翠竹庵前寺。法学院分驻圩溪镇又所乡兜底寺、备乐乡上备乐村关圣宫。理学院办事处设在城东埼马村文昌寺内,各系学生分散在东浦乡、东山村、九龙潭等处。工学院在城外金莲乡、梅玉村、中新乡、旧城乡、玄天阁、东岳庙等处。农学院则在鲁溪乡玉皇阁、吉里村关圣宫、秧郎村莲石寺、关圣宫,许马乡上寺、鲁溪营乡上、下寺,洋潦营乡凤招寺等处。医学院在小西城乡关圣宫、三教寺,县城南门外大龙庙,县城南门楼,小里村下寺,城内玉光楼,城西土主庙等处。师范学院在城内玉皇阁、建设局、极东寺及北门外五灵庙等处。研究院及楼本部在城里。一时间,中大师生成为了寺庙的仆人,澄江所有的佛殿都成了文庙。

1939年2月9日,萧冠英与邓植仪在澄江会合,商议复学事宜。次日召集先期到达澄江的师生开会,举行开学典礼,宣布3月1日正式开学。历时4个多月的辗转辛劳,到达澄江的教职员245人,学生1936人。邓植仪作为澄江办学的先遣者,在不足两个月的时间里,筹备好了校舍,其中付出了多少辛勤汗水,无法统计。但是他们的辛苦操劳使旅途劳顿的师生在澄江有了归家般的温暖,校舍筹划得当,分配合理,大家都心存感激。

那是一段彼此关怀、共度时艰的岁月,师生们的心靠得很近,手拉得很紧。居于云贵高原的澄江,像一位哺乳的母亲,向师生们敞开了胸怀。县内农产丰富,各种新鲜水果质优价廉,让大家尽情享受。当时外汇未跌,物价还很稳定,教授们过了一段相对舒适的日子,与硝烟弥漫的前方相比,澄江简直是人间仙境。

可是好日子没能维持多久,情况就急转直下。1940年以后,全国各地,包括敌占区、战事区和大后方都遭遇了剧烈的通货膨胀,物资匮乏,价格飞涨。无论是教授还是学生都出现了生活困窘,尤其是来自战区靠借贷维持的学生,日子更加艰难。

面对困难,代理校长兼工学院院长萧冠英,教务主任兼农学院院长邓

植仪,文学院院长吴康,师范学院院长崔载阳,理学院院长何衍璇,医学院院长李雨生,法学院院长黄元彬在教学管理之余,千方百计节省开支,开展储蓄,援助困难学生。

那段时间,邓植仪每天清晨起床,在校本部完成教务长繁杂的工作之后,迅速赶往农学院。农学院设在离县城十几里外的抚仙湖畔,那里山高林密,河溪纵横,风光秀丽。站在高处往下看,邓植仪不由想起当年在石牌农场的经历。那一镐一锄,辛勤开垦出来的农场校园,毁于日寇手中,想来让他心寒。为了续接薪火,发展教育,跋涉千里,来到澄江,一切都得重新开始……

邓植仪体会到异乡办学的难处,大家历经数月长途奔波,身心早已疲惫至极,靠的是精神和信念在支撑,如果松懈下来,就很难回到常态。所以邓植仪时刻鼓励和关心师生,越是困难时期,越不能放松对学生的要求,复课之后各学院实行了严格的考试制度。教授在生活上关心学生,在学习上督促学生,让同学们珍惜宝贵时间,抓住来之不易的学习机会。

由于条件所限,在特殊时期办学,只能采用特殊的方式。在安置时耽误了一定时间,学校决定第一学期缩短为三个月,但教学内容没有缩水,考试要求与之前一样严格,考试测评丝毫没有放松。

澄江地处偏僻,邓植仪发现在教学上遇到了当年广东农专同样的问题:缺乏教材和参考资料。各学院按教育部规定,尽量使用国内教材,同时鼓励各系教授亲自编写教材。1940年1月4日的教务会议上,考虑到经费紧缺,邓植仪建议教授上课时采用笔记的形式,辅以参考书,以节约讲义费。参考书分为一个班若干组,由图书馆订购,轮流借阅。

为提高学生的基础技能,教务处执行教育部关于国文标准教授法的规定,在大学一年级开始加强国文教学。从当时农学院一年级的国文选读书目中可以看出邓植仪对此事的重视,其中有抒情文选读、现代文选读、诗选若干首、应用文选读，目的在于提高受课者的写作能力。如抒情文选读，有哀怨之文、欢娱之文，使人有抒情之感。现代文选读，具有科学精神者，颇有益于抗战救国。诗歌阅读能陶冶性情，如李白、杜甫在诗歌中描写人民疾苦，抒发爱国热情，借景吟物，揭露政治黑暗。应用文之选读，包括名人日记、演说词、祭文、呈文、诉讼状、宣言、通知、论文等。这个书目是邓植仪请中文系教授反复筛选之后确定的，作为全校各院系一年级的必读书目。

大学是一个配套系统，为了使整个系统正常运转，邓植仪要求教务处下属各机构迅速恢复工作。特别是图书馆的作用不可小觑，从过去的藏书阁，到后来的图书馆，均成为大学地位与实力的象征，是教学科研的重要基地，也是培养学生健康人格的摇篮。

高校师生教研中离不开文献资料，为方便大家查阅，改善学习和科研条件，图书馆因陋就简，请当地木匠做成简易的书架，在图书馆周围栽种花草树木。在能工巧匠的修整下，一栋老鼠出没、蛛网密布的破旧古屋，被修缮一新，在当年10月初变成了中大临时图书馆，所有书目登记完毕后正式向外开馆，供师生借阅。

从石牌到澄江，一大批图书，随着师生的脚步，跋山涉水，来到云南，为保护好这些书籍，有人冒着生命危险。当时参加转运图书仪器的图书馆主任杜定友教授曾写下了《西行志痛》。他在文章中提到："行侣：离广州时，同行者中大图书馆同仁及眷属四十三人，中途离队者十四人，重伤者一人，病故者一人，到达目的地时仅二十七人。交通：步行、滑竿、骑马、公共汽车、自用汽车、货车、火车、木船、太古船、邮船、飞机。饮食：餐风、干粮、面摊、粉馆、茶楼、酒店、中菜、西餐，酸甜苦辣。"在这段简短的文字里，我们可以感受到杜馆长与同事们历尽千难万险，以九死一生终不悔的精神，与图书资料共存亡的信念，他们的目标只一个：保护图书，抵达澄江。

1939年5月7日至13日，在重庆召开全国第一次生产会议，邓植仪出席了这次会议。由穆藕初负责总筹备，奉行政院院长孔祥熙之命，经济部、教育部、财政部、中国工业合作协会、农产促进委员会参加筹备。指定农、工、矿等行业专家为筹备会成员，国立中山大学林学系教授曾济宽为筹备人员。参加会议的代表十分广泛，除行政院正副院长，政府主管各部部长、次长为当然代表外，还有各省政府主管机关负责人，各科研事业机关、学术团体、经济团体的负责人，各重要企业的实业家，各理工院校、中专学校的负责人和会议筹备会特约聘请的官方和民间的各业专家。

会议期间代表上交的提案，经过审议之后一经通过，即批转有关主管机关执行，或复议或提供参考。第一次全国生产会议共收到提案386件，这种会议对于民国政府广开思路，吸取各方意见，规划后方经济，解决生产中出现的问题起到了一定的作用。

邓植仪作为会议当然代表，共提出了五项提案，其中之一是与丁颖合作提出的《拟请中央政府体察实情分期确定发展全国农业方案俾有遵循而便策进案》。提案从宏观的角度建议民国政府在大后方建立战时农业体制，以便促进各地农业发展，支持持久抗战。邓植仪还独立提出了四个议案，一是《增加西南各省粮食生产案》，建议在尚未沦陷的西南各省采用开荒、改良种子、兴修水利、增种杂粮等手段增加粮食产量，使西南各省成为粮食供应基地。二是《防除病虫害以增进农林生产案》，具体提出了各种农业病虫害的防治作用和方法。三是《发展我国蚕丝业案》，提出在四川等地发展蚕丝业。四是《采伐及保护西南天然林案》，提案要求在开发西南各省的过程中保护好残存的天然林。后来这些提案与其他出席会议代表内容相同的提案合并一起，被收入《全国生产会议总报告》。邓植仪在大会中所提出的议案，反映了他对战时农业生产的思考，对民国政府制定战时农业政策提供了有价值的参考意见。

1939年9月25日，国立中山大学恢复了日报的出版工作，具体工作由教务处下属的出版组负责。报纸出版后成为校务、教务管理的重要文件。与在石牌时期相比，由于印刷设备不齐，纸张缺乏，只好改用油印。同时压缩版面内容，减少印数，缩小派送范围。为了当好这个家，使学校各部门能正常运转，邓植仪绞尽脑汁，想出各种办法。

在澄江那段时期，学校要求加强对学生的管理，由此中大继续实行导师制度。农学院率先完成对教师的聘任，各系明确分工，农学系八组，森林学系四组，蚕桑学系二组，农业化学系四组，农业经济学系三组，畜牧兽医学系二组，每组设导师一人。

为了适应战时需要，1939年由邓植仪主持的第三次教务会，通过了训导处提交的"学生军训"请假规则，以加强对学生军训管理，适应战时需要。当时虽然条件非常艰苦，但教务管理没有放松，澄江的学术风气非常浓厚，学生几乎手不释卷。无论在图书馆、宿舍、教室，还是校园树荫下，到处都有手捧书本的学生。

历尽艰辛，穿越千山万水的学生，终于在澄江放下一张平静的书桌，他们知道这样的机会来之不易，应该加倍珍惜。随着学术风气日益浓郁，各种社团蓬勃兴起，刊物亦如雨后春笋，学生思想开始活跃，精神境界有了很大提高。

抗战初期，有一大批学生为逃避战火，流散到了云南，当时教育部令各校尽量接收借读的外校生，以免耽误学业，由此教务处对失学而求学的外地学生实行登记。由于师资不足，学校只能接收少部分学生。1939年11月6日，中大宣布不再接收借读的外校生。可是还有大批的学生处于失学状态，他们千里远征，到达云南，但因条件限制，学校无法接收，看到他们无所依附，中大领导非常同情。1939年11月，萧冠英、邓植仪提出，为使逃散昆明的失学高中生能入学读书，有机会考上大学，教务处决定设置两个专修班，让流浪的学子找到温馨的家园。那些饱受漂泊之苦的学生获得这个机会后热泪

盈眶,他们刻苦读书,后来有一大批成为了国家的栋梁之材。

在澄江办学期间,社会教育工作也成为教务处的工作之一。1939年10月,中山大学社会教育委员会成立,以师范学院院长崔载阳为主席,各院院长和教务长、训导长为委员。各学院相继成立社会教育分会。中山大学的社会教育办法第五条规定:"各院负责教务工作之职员,对院内学生之参加推行社会教育工作,应偕同该院负责推行社会教育工作人员,制定考核成绩办法。"中山大学各学院在校舍所处的乡村举办民校,1940年4月,中山大学举办的民校已经办至第二期共10所,人数达809人,在校学生连同第一期达1500人。

23

时间一晃就到了1940年春,大家背井离乡,远离亲人,在澄江过了第一个春节。经过一段时间磨合,学生组织有了很大发展,各院系的研究会、讨论会、演讲会,普遍建立起来。但是这些学生组织和学生运动异常敏感,极容易被党派利用。在澄江校园学生的宿舍里,经常将讨论卫生和生活的会议改为辩论会,一个宿舍的学生甚至分裂为几派,各有主张。

1940年1月初,教育部长陈立夫来到澄江,学校召开师生大会,表示欢迎。陈部长澄江之行不单是对师生训话,还有另一层意图,那就是"倒邹"。他离开澄江到昆明之后,专门约了一些教授、学生到昆明,策划"倒邹"行动。这些教授、学生被洗脑回来,到了澄江就提出"打倒萧冠英",发动"倒萧护校运动"。这是陈立夫打击邹鲁派、夺取中大权力的手段。1940年3月底至4月初,崔载阳被免去院长职务。师范学院罢课平息不久,又一次开始了罢课运动,而且这次罢课声势浩大,很快波及全校,后来连教学稳定、学风浓厚的农学院也卷入其中。

邓植仪知道，一些不明真相的学生被人煽动后很容易感情用事，对学生动辄示威罢课的做法他极不赞同。1940年4月1日，邓植仪与全校教授发表《全体教授关于师范学院学生罢课的文告》，指出学生罢课行为的两不可：一是指出中大是自抗战发生之后全国保存下来为数不多的大学之一，其他大学"或为经费无着，或为敌势所迫，类多停办。所得而保全者，仅为目前寥寥可数之后方教育机关，民族文化不绝如缕，而罢课行为与'国家保全文化，兴学育才之旨，实不相符'，此其不可者一也"。他接着指出："今乃弃学休业，滋扰无宁，自乱步骤，自损其凭依，流弊之极，必至减削抗战力量，动摇国本，似此行为，何殊自毁长城，援敌以隙，此其不可者二也。"

作为中山大学筹建创办的元老，邓植仪给学生讲明了建立中大的意义，中大的荣誉和历史。一直以来师生们精诚团结，一致抗日，甚至被誉为"反日大本营"。这样的历史荣誉，应该珍惜保留和发扬，而不容有一丝一毫玷污损毁，这是全体师生校友的愿望和要求。在大家的努力下，如今迁校的基础工作已初步完成，同学们不应该受外界影响，使行政失常，校务受挫，学校如果陷入混乱，岂不将校誉尽毁！这样做我们就对不起孙中山先生始创广东大学（中山大学前身）的初衷……

邓植仪苦口婆心，劝导督促罢课学生即行复课，让学校尽快恢复正常的教学秩序。

1940年，这场全校性的罢课运动最终导致邹鲁的辞职。邓植仪与全体教职员通电邹鲁表示挽留，邹鲁几次致信教育部坚决要求辞去校长职务。

邹鲁辞职后，萧冠英也辞去了校长室秘书长职务，应邹鲁之召去往重庆，校务暂由邓植仪主持。

1940年4月，教育部任命广东教育厅厅长许崇清为中山大学代校长。可是由于工作交接问题，许崇清至4月底尚未到校，中大工作仍由邓植仪代理校务，学校的文告均由邓植仪签发。这时候师范学院仍有部分学生尚

▲ 中山大学搬迁澄江后邹鲁从重庆奔赴澄江慰问师生，前排右一邓植仪

未复课，邓植仪找来具有进步思想倾向的萧隽英代理师范学院院长，主持院务，办理复课，师院学生罢课风潮终于得以平息。

邹鲁，这位中山大学校史上的重要人物，最终以一种无奈的心情离开了中大。他不仅是中山大学的始创者，也是营建石牌新校区的执行者。作为首任校长，他的任期最长，他对中山大学的艰难缔造做了突出贡献。

邹鲁辞职让邓植仪万分感慨，看人生起伏沉浮，往事如过眼烟云。回想1933年邹鲁因其侄儿邹礼炳被指带校卫队"拘禁教授、殴打林警"一事引发风波，学生罢课抗议，怒火很快蔓延到邹鲁头上，学生要求他引咎辞职。但是那次风波最终还是平息下来，邹鲁继续在中山大学任职，直至1940年才正式离去。

邓植仪任教务长时，无论办学条件如何艰难，他从未放松科研和教学。为提高学生的学术水平，1939年11月4日，邓植仪在农学院办事处开会，作为会议主席，他建议从沈敦辉奖学基金中抽出150元作奖学金，学生三年总平均成绩在80分以上可以得奖。同时他在校务会议上专门介绍农学院的做法和经验，让其他学院参照推广。

1939年11月，纪念中山大学成立十五周年科学展览会在澄江举行。

这是一次特殊的纪念，离开广州本土的师生，在澄江迎来了中山大学十五岁生日。农学院的教研工作一直扎根乡野，没有停顿，各系均有多种产品参加。农学系农艺门有农作物标本6种，植物病害组有澄江县农作物病害标本26种，以及各种菌体形态图5大幅。蚕学系有在澄江成功培育的蚕丝标本数十种，内分蚕儿4种，蚕茧10种，桑10种。森林学系有木材标本百余种，内分广东木材标本百种、外国木材标本12种、云南木材标本10余种，森林图表4种，森林幻灯片约50种，云南省药用植物标本30种，林产制造品2种。农林化学系有农产制造出品如腐乳、甜醋、酱油等约六七种。土壤调查所有澄江县土系标本及图表共数十种。这些标本都是通过大量的科研实验而提取的成果，每一项都浸润了师生的心血和汗水。

邓植仪要求农学院师生本着农业教育与农业建设相结合的理念，深入研究澄江的农业资源和技术，以达到改良目的。

1940年1月邓植仪想尽办法恢复了《农声》杂志并亲笔撰写《复刊词》，提出农学研究在抗战大环境中，需要"侧重食粮、建教合一之推动"，表达了当时他集中思考的问题。张农则撰《贡献于云南》，提出中大农学院要对云南的农业有所贡献。在澄江时期出版的《农声》第221期、第222期、第223期，关于云南澄江农业、云南农业的文章就有15篇之多，占文章总数一半以上。为使教学和科研实践有序推进，张农与当地农场合作，恢复了中山大学农场的实践基地。

农学院在澄江办学期间的科研项目和成果，大都是对澄江农业有针对性的研究。从广州迁校时，邓植仪专门安排人员将土壤调查所的大部分仪器设备打包运走，所以，在澄江时期土壤研究所的科研工作仍然在顺利开展，没有因缺少仪器设备而中断停顿。从这一点上足能看出邓植仪用心良苦，注重每一个细节，能思虑远见，未雨绸缪。

1939年4月，邓植仪与丁颖、侯过等沿滇缅公路考察农业资源和生产，

采集土壤资料。后来在教务繁忙的情况下，他亲自撰写了《沿滇缅公路考察昆明至大理间农林及土壤概况报告》。邓植仪当时工作繁忙，彭家元又已经辞职回四川工作，土壤调查所的工作由谢申负责。邓植仪命谢申率黎旭祥、刘致清等人调查澄江土壤，写成《澄江之土壤调查报告书》，对澄江的土壤资源进行了详细研究，并针对当地农业生产和土地利用方面存在的问题提出了六点改进意见。

以丁颖为首的稻作研究团队，对澄江的水稻栽培法进行了深入的研究。丁颖和梁光商在《中山学报》上发表了对澄江稻作的研究文章。《农声》上发表了刘棣荣的《澄江县稻田深耕法之研究》。农艺系有农艺研究会，摘录学术论文，编印农艺文献目录；在农学院社会教育委员会附设农业办事处，为农民解答农业技术方面的问题。农学院杨宗锡助教前往云南宾川、滇越铁路沿线调查甘蔗耕作情况。这些分项调查均形成报告书，由邓植仪转送学校，呈交云南省政府作为决策参考。

农林植物研究所着重对云南的经济作物和药用植物进行调查。调查费用在农场经费项下支出，并在农场内设立药用植物苗圃，设立荫棚繁殖荫生植物，以研究其价值。这一试验得到邓植仪和学校的批准。1940年春，农林植物研究所的调查队在澄江河口20里内采集到大量标本。当时蒋英主持植物学部工作，他抓紧时间拟订了云南植物资源调查计划，将全省划分为五区，工作拟4年完成，并设立植物资源苗圃，进行资源种植和开发研究。

农政研究是发展农业的关键所在，学院成立了农业经济系，农业经济系利用寒假做了大规模农村调查。为使政府在云南推行棉业政策，特组织农业经济调查团，由副教授周卫民带领三、四年级学生谢立仁等5人，前往棉区调查农场经济。畜牧系成立了由学生为主体的畜牧兽医学会，宗旨是"联络同志，研究学术，服务社会"。

在社会教育工作方面，整个中大农学院的做法最为出色。农学院成立了以邓植仪为主席、张农为副主席的社会教育分会,学院师生在澄江县的沙河村、归马乡、洋潦营、鲁溪营等村设立民办学校,同时进行有关农业、农村调查和组织工作。学校规定各民校筹备工作限于1939年12月16日以前完成,以学生宿舍所在地为对象,调查所在乡村需要何种合作社,以指导合作社的进行,调查所得书面汇报,作为指导各种合作社进行之根据。在邓植仪、张农的指导下,农学院民校与农民学生之间的关系十分融洽,大家畅所欲言。沙河村民校第一届学生毕业后,农学院师生与农民学生、家长举行恳亲大会,该村保甲长率村民百余人参加。学生和家长相继进行演讲比赛;参观学生成绩,包括图画、作文、泥工、木工、竹工、纸工、绣花等作品。

参观完作品举行茶会、游艺会。学生歌咏团演唱"保家乡"、"卖花词"等,一位5岁的小学生演唱了"打倒日本",字正腔圆,有板有眼,农学院男学生演奏口琴,女学生演唱"采茶歌",男女学生同跳云南舞,现场热闹非凡。学生利用假期周末,开展抗战宣传、兵役宣传、寒衣捐赠、节约储蓄、劳军义卖、卫生防疫等活动。

农学院沙河村民校为慰问出征军人家属,自制纸花连续三天义卖,获得国币17元。然后校长周文卫与学校师生慰问沙河上下村军人家属,赠送"为国争光"的匾额,乡人甚为感动。

1940年1月15日晚,沙河村民校学生和家长在该校课室联合公宴全体负责人员以示谢意。当晚全村男女老幼一同出席,气氛热烈。第二天早晨,村民欢送农业经济系副教授周卫民率农学系调查团6人继续深入其他乡村调查,送行者甚多,场面十分感人。

漂泊在外的中山大学农学院师生,在烽火岁月里仍然不断奋进,大家坚守农科,关爱农业与农民。专门成立帮扶的农业合作社,利用合作组织促进农业生产。这种适合于现代农业的生产模式,对我们今天农业的规模化生产、集约化经营、产业化发展具有很好的借鉴和启示作用。

第八章 颠沛流离信念不改

24

1940年5月,代校长许崇清到达澄江,接任中山大学校长一职。许崇清到任后,邓植仪终于可以卸下肩上那副沉重的担子。此时陈济棠多次催促,邀请邓植仪前往重庆,到新成立的农林部供职。

1929至1936年间,陈济棠曾掌管广东军事、政治、经济大权。1936年6月,陈济棠因联系桂系反蒋行动遭到部下反对,黯然下野,前往香港。抗战爆发后,陈济棠捐献大量资金购买飞机支援抗战。后来陈济棠辗转到达大后方,与蒋介石的关系也大为改善。陈济棠复出后,蒋介石曾问陈济棠想出任什么职务,陈济棠说:"只求对国家有所贡献,即参咨亦所乐为。"

1939年11月国民党召开五届六中全会,会议期间蒋介石提供农林、社会、海外三部供陈济棠选择。经过认真考虑,陈济棠选择了农林部,他认为农林是有关民生福祉的头等大事,值得自己用毕生的精力去做。由此陈济棠成为民国政府第一任农林部长。

此前民国政府并未设立专门的农业行政管理部门,农林工作归属相关部门负责。1939年单独设立农林部,民国政府加强了对农林工作的管理,把农林工作推到了一个新的高度,这也是战时农业建设体制的需要,吃饭穿衣永远是国计民生头等大事。

陈济棠走马上任,作为首任农林部长,他很想有一番作为。可是由于行伍出身,他对农林工作并不熟悉,要想搞好农林事业,需要从组织上、人事上、技术上做好充分准备，需要一个可靠的专家团队来辅佐他。陈济棠首先就想到了以前的部下，他立即召回林翼中，任命他为农林部政务次长，区芳浦为农林部总务司司长。农林部因属初创阶段，需要得力的专门人才，为使农林工作顺利开展，陈济棠向邓植仪发出邀请，拟任命他为农林部技术总监。

邓植仪在陈济棠的脑海中有很深的印象，早在1929年陈济棠掌管广东期间，就曾想让邓植仪担任新成立的广州农林局长。由于邓植仪执着于专业，而且是一个从不巴结讨好上级官员的清高书生，当年虎门要塞司令向中大农场索要一批树苗时，邓植仪居然公事公办，不给面子，后来人家找到校长邹鲁，邹鲁已经函准，可邓植仪还是坚持树苗不能免费。他说如果长此以往，农场将无法维持，迟早都会因经费无着，亏损倒闭。在邓植仪的坚持下，后来只同意以八折的优惠价售出树苗，弄得虎门要塞司令很不高兴。1933年4月，同样的事情再次出现。当时陈济棠任广东军事政治学校校长，他亲函邓植仪索要一批花木种植于校园，校方也已明示"免费照拨"。邓植仪接到批示，颇感无奈，他知道既不能直接拒绝，又无法全盘执行，只好巧妙地给出回复：农场正值新品种培育阶段，若要大批花草苗木，还得待些时日，眼下只有22种花木可以赠予……

陈济棠身居要职，没想到居然在邓植仪这个文弱书生面前碰了个软钉子，从此他记住了邓植仪这个名字。

也许是因为事先有过不愉快的一幕，陈济棠最终选择了岭南大学教授冯锐为农林局长。被尊称为中国现代蔗糖业之父的冯锐任农林局长时，致力于广东的农业改良，尤其在甘蔗改良、糖业复兴方面做了很多工作，取得很大成绩。陈济棠倒蒋失败后，失去靠山的冯锐犹如断线的风筝，被余汉谋罗织十大罪状，于1936年年底秘密处决。一个颇有前途的知识分子落得可悲的下场，死时年仅36岁。如果冯锐活着，陈济棠一定会把他作为农林部技术总监的第一人选,既然冯锐不在了,陈济棠认为邓植仪就是最好的人选了。

1940年6月之后,邓植仪到任履职,以他为首的技术顾问团队制订了《本部工作方针》。这个文件在1940年9月17日由陈济棠在农林部例行的"中枢纪念周"上宣读。文件规定根据战时的需要,要树立永久的基础,建立战时的农业管理体制。这段时期举凡水利之发展,品种之改良,牲畜之繁殖,淡水鱼之饲养,以及推广造林、发展林产、保护天然林木,均逐一落实推行。

农林部工作方针提出了四点要求:一是关于此后军民衣食的供给,外销物产的扩展,乃至建设木材的供应,都要求列入生产计划。另外消除病虫害及牛瘟与其他家畜疾病的防治,特别注重发展生产,提高农产数量和品质,保证抗战军民衣食供应充足。二是改善农民的地位,以求耕者有其田。三是应用科学方法,以求农场的合理经营,通过组织农民生产,使其主业和副业适当地配合。四是金融调剂,合作督导,兴办保险,运动的改进等,所列内容皆与农民的切身利益有莫大之关系,主要方针就是促进农村经济发展。

接着邓植仪又向陈济棠建议,提出三个施政原则:第一要因时制宜,根据气候变化种植适宜的作物以适应战时的需要。如计划在四川种植棉花。第二是因地制宜,不仅要根据不同的自然环境采取不同的农林政策,在沦陷区和前方战区与后方也要分别采取不同的农林政策。第三是因事制宜,农民要办的事情,政府能协助的应尽量协助;凡是政府办的事业不以营利为目的,注重公益性,做到以有效果且符合经济发展规律为原则。这个工作方针周密准确,融进了邓植仪对农民的关心和体恤,体现了他对发展现代农业和农村经济的正确思想。

农业教育与农业建设相结合,这是邓植仪一直坚持的主张。抗战前邓植仪就将他的观点集中体现在《改进我国农业教育刍议》一文中。他提出当时"农业教育与农业建设之不相呼应",建议"农业教育应依据整个农业政策而规划","农业教育与农业建设当谋其沟通"。邓植仪将此简称为"教建合作"。

1940年年底邓植仪向陈济棠提出"教建合作"这个建议，1940年12月19日，教育部代表和农林部代表出席在重庆教育部召开的会议。出席者有邓植仪、赵葆全、沈宗瀚、张丕介、邹树文、钟道赞等，会议讨论了"农林技术机关与农林教育机关之联系与合作纲要草案"。会后教育部和农林部在公函往返中，对该草案进行了多次修订。最后教育部的公函建议在中央和各省已经建立的教建合作委员会中设置农林处，加强农业教育与农业管理机关的合作。

大纲中规定：农业教育机关培育的人才与数量应根据技术机关的需要而定；研究机关的技术人员如教育机关未能培育之前，可由研究机关自行训练。研究机关和教育机关的学术研究、人员应相互交流，图书、设备应相互利用，技术机关对教育机关的师生之实践应给予配合和支持，调用教育机关学生时应给予适当津贴。有关农业研究的问题或农业实践中的问题，技术机关的研究如需要教育机关协助时，教育机关对技术机关应给予协助。在教育机关和技术机关进行同一项之研究且在同一区域时，两者应协商和合作，避免重复。为督促实施本办法大纲起见，中央及各省政府设置农林教建合作委员会以资协助其组织章程实施。邓植仪提出的教建合作的方式从上至下得到了全面推广和施行。

1941年3月12日至18日，第一次全国农林行政会议在重庆召开，由农林部部长陈济棠主持。共有99名代表出席会议，会议中心议题是商讨各项农林建设问题，通过提案百余件。大会上陈济棠首先致开幕词，然后与会代表分小组讨论各提案。大会比较重要的议程是陈济棠在大会上的闭幕词，以及会议通过的宣言。邓植仪作为文件的起草人，在这两个文件中充分表达了他一贯坚持的农业行政科学化、农业技术机关的功能、农业教育制度和农林行政制度结合等方面的观点。代表通过了会议宣言，进一步强调农林建设和抗战、国防、经济、民生的关系。最重要的是要使粮食增产，利用荒地、隙地、冬季夏季空闲地，尽量减少非必要之农作物以扩充粮食栽种面积。同时推广改良品种，防治病虫害，增施肥料，兴修水利，采用改良栽培方法，以提高单产。

1941年3月18日陈济棠在大会上致闭幕词，闭幕词也是邓植仪帮助起草的，在闭幕词中系统地阐述了农林部今后的工作方针和大后方农林工作的要点。首先提出"逐层负责"，提高农林行政机关的工作效率，这无疑成了邓植仪关于农业行政科学化思想的具体细化。其次是慎选各级工作人员，认认真真科研，踏踏实实做事，要在艰难中求进步，在贫穷中想办法，要有大公至正的精神等，主要是强调在抗战的特殊环境中进行农业建设所需要的办事方针和工作精神。最后强调了有关合作的两点，一是中央和地方的合作，包括中央在各地设立国营农场、畜牧场、林场，开展和地方合作研究农业科学技术以便推广；其次是地方农业机构的科技成果，可以送到中央农业科研机构，进行全国性推广。他举了当时农林部派粮食增产督导人员到各地检查粮食增产运动的例子，强调各省担负农林工作的全体人员，要体会到中央与地方合作的重要性，只有各级农林工作人员齐心协力地合作，发展农林事业的愿望才能实现。

陈济棠在闭幕词中进一步申明农业建设与农业教育的关系，这同样是邓植仪的主张。纲领中明确规定高级技术人员的训练，由教育部所设各农林学院及农业专科学校主办，训练农林建设部门所需要的人才。至于专科以上学校农林方面的课程怎样使其充实、学校训练怎样使其适合实际需要、学生的数额怎样使其供求相应等问题都有详细的计划。各省实验机关的工作人员，随时注意训导新进人员，对于刚离校的专科以上学生，多方提携，至少有一至两年的带领，使他们将来可以到地方场所主持部分的实际工作，这一方式，是培养人才的有效方法。

邓植仪通过帮助陈济棠起草第一次农林行政会议的闭幕词，再一次表达了他对战时农业建设的构想。后来虽然陈济棠和邓植仪都离开了农林部的工作岗位，但是这次会议宣言和提案，给后来的战时农业生产和农业行政建设指明了方向，对我国的农业发展产生了深远影响。

1941年7月19日，陈济棠接到香港医生发来的电报，通知其妻病重。起初，陈济棠还往返于重庆与香港之间，他不在重庆的日子里，有关文件的技术审核全权委托邓植仪审批施行。1941年年底香港沦陷，陈济棠与重庆政府失去联系，民国政府批准他此前提出的辞呈，改任沈鸿烈接替农林部部长职务。沈鸿烈接任后，原陈济棠的部下纷纷辞职，邓植仪也以生病为由提出辞呈。沈鸿烈在1942年1月2日批准了邓植仪辞呈，辞职后邓植仪再次返回中山大学任教。

25

中山大学在云南澄江临时办学不到两年，情况就发生了急变，1940年初，教育部长陈立夫、次长顾毓琇，先后到澄江视察中山大学，提出一些似是而非的指责，要中山大学迁往重庆与南京迁去的中央大学合并。师生们极为反感，中山大学是为纪念孙中山而建的，不能因为迁校合并而改名。1940年8月，在校长许崇清的安排下，开始第二次搬迁。这次迁移终点是广东北部乐昌县与湖南宜章县相邻的坪石镇。迁校时，在澄江文庙内立了一块碑，高1.5公尺，宽0.5公尺，碑文记录了迁校经过和感谢澄江之意。碑文由代校长许崇清撰写，另一教授手书。可惜这一历史遗物在后来的变迁中被毁坏，最终消失。

在澄江两年，学校在宣传抗战、普及科学文化知识等方面做了很多工作。中山大学迁办坪石后,学校政治环境日益复杂,斗争更加尖锐。国民党加紧了对学生运动的控制,特别是皖南事变后,采取了一系列控制措施,如颁布《青年十二守则》,规定蒋介石的《中国之命运》为必修政治课,成立了中山大学三民主义青年团中央直属分团,以监视进步学生的活动,各学院设立训导分处,以强化训导处的控制职能。对学生群众团体的正常活动,也严加限制和阻挠,对团体组织的活动进行管理登记,开会日期、会议召集人、会议性质都要登记在册。需要开会还得事先报请训导分处派员出席指导,就连学生出墙报,也需填报《各种社会出版刊物登记表》,经训导分处审查批准后始得出版。可是这种全面封锁的做法不但无法限制学生运动的开展,相反,共产党的影响进一步扩大,威信进一步提高,学生中进步力量在不断加强,学生运动更加迅猛发展。

  国民党的腐败激起师生的愤慨,曾引发多次全校性运动。

  1941年暑假,中大学生反对易长风潮。风潮的起因是:朱家骅派诬告许崇清实施的开明进步措施为"引用异党,危害中山大学",并向蒋介石推荐朱派人物张云(原任中山大学教务长)取代许崇清。中山大学进步学生获悉后,发动了反对易长风潮,提出"拥邹(鲁)挽许(崇清)拒张(云)",迫使张云答应上台后继续保持学校学术自由和不解聘进步教授。

  1941年12月,太平洋战争爆发,《解放日报》《大公报》先后揭露了孔祥熙的二小姐从香港包机,运载家具、保姆、洋狗逃难,飞返重庆的丑闻。报道了许多文化界知名人士,买不到机票滞留香港不能及时返回内地的消息。这件事激起了中山大学师生的极大愤慨,在中山大学中共地下组织的领导下,积极响应了西南联大发起的要求惩办孔祥熙、没收其财产充作抗战经费的讨孔运动。这次运动进一步揭露了国民党四大家族的贪婪腐败与反动本质。

  当时中山大学部分学生靠为数不多的贷金生活,由于物价飞涨,国民党官员又贪污截流，使部分学生既吃不饱饭，也无钱买油点灯读书，学生们对此十分不满。1942年春，全校掀起了要求增加贷金名额，提高贷金、灯油费的运动，提出"我们夜间要读书，我们要吃饱"和"提高贷金，惩办贪污"等口号。运动很快得到了大多数学生的拥护，后来经各院系选派代表与校方谈判，提高了贷金，运动才得到平息。

其实这几场斗争都是在中共地下组织引导下进行的，它既揭露了国民党的腐败本质，又扩大了共产党的影响。农学院大部分学生参与了这些运动。

中大撤离广州后，数年的迁校历史，有着无法想象的艰险与困难，同时也表明中大师生对学术自由的坚守，对抗日救亡运动的支持。

当时坪石是一个规模不大的小镇，学校与在澄江时一样，仍然采取分散教学。除利用当地的寺庙、祠堂、空舍外，还搭建了88栋临时房舍。办学条件虽然同样艰苦，但学校还是千方百计聘请了一批著名学者来校任教。他们中有哲学家李达、民俗学家钟敬文、经济学家王亚南、文史学家陈寅恪（兼职教授），以及洪深、梅龚彬、卢鹤等。学校迁到坪石后学生人数大增，由初迁云南澄江时的1736人，增至4197人。

法学院经济系著名教授王亚南、梅龚彬，经常利用课堂教学讲授马克思主义的政治经济学原理，王亚南还在流离中创办了《经济科学》杂志。炮火纷飞中，特约教授陈寅恪专程赶到坪石，从1943年7月1日起，他为中大研究院文科研究所学生讲论"魏晋南北朝史研究"中的"五胡问题"，陈先生精辟透彻的讲解，给学生留下了深刻印象。尽管教学条件不好，但中山大学迁校后的教学水平从没回落，一直向上攀升。

邓植仪调任农林部期间，由丁颖教授接任农学院院长，并组织农学院完成了搬迁工作。农学院择址于湖南宜章县栗源堡，那里地处湘粤交界，距坪石中山大学校本部有几十里。虽然位置偏僻，但栗源堡风景秀丽，又有温泉，环境十分幽静，很适合教学和实践。

1940年10月，农学院迁到栗源堡，借用当地二层砖木结构的栗源书院、祠堂、庙宇和炮楼，略加修缮作为校舍，另租地建设男女生宿舍5栋，教职员和少数学生则租用民房作居室。1940年11月20日正式复课。

丁颖接任农学院院长后，院系下属各部门负责人都很配合，秩序良好，队伍稳定，教职员工基本没有变动。农学、森林、农业化学、蚕桑、农业经济等学系主任仍分别由温文光、侯过、冯子章、杨邦杰、张农教授担任。畜牧兽医系主任改由刘荣基教授担任，稻作试验场主任、农林植物研究所主任、土壤调查所所长分别由丁颖、陈焕镛、谢申教授担任。为充实师资队伍，通过丁颖院长的努力，增聘了汪厥明、王益滔、王仲彦等知名教授来院执教。抗战前出国深造、获博士学位的校友赵善欢、黄昌贤和当年未随中山大学西迁云南的农学院教授也相继返院任教，很快形成了一支精力充沛、思想活跃、年富力强的师资队伍。有40余人拥有教授、副教授职称，是农学院成立以来师资力量最强盛的时期。

农学院在栗源堡复课后，接收了不少来自战区和沦陷区的转学生、借读生。教学时学院尽力按教学计划开设各类课程，除一年级基础课程外，为二、三、四年级开出众多课程，院长和系主任亲自授课，一般都担任两门以上的课程。

这段时期，对学生的要求是严格的，认真执行年级及学分混合制，要求学生必须在8个学期内修满140学分，并完成农林场实习和毕业论文等条件才可毕业。对学生选课，由各系、组主任亲自指导，经院长签字认可，才能计算学分。同时规范考试制度和纪律，丁颖、邓植仪均亲临监考，考场风清气正，秩序井然。农学院严格的教风学风被大家一致称颂。整个农学院的教学都呈现一种灵活性和开放性，杜绝闭门造车的教学，重视实践环节，这是农学院多年来形成的好传统，在战时也不例外。

在栗源堡，农学院各系先后组织师生深入粤北、湘南、广西等地，结合专业进行实地调查和考察。园艺系黄昌贤教授带领毕业班学生到耒阳、衡山一带调查当地柑橘的栽培历史、种类分布、管理经验、果实贮藏、果品市场等情况，并就地进行剪枝实习与品种检定。农经系教师分别带领三、四年级学生前往连县、五华、始兴等县调查农村经济情况；畜牧兽医学系师生在当地和国营农场参加牛疫防治工作，教学实践活动丰富多彩，灵活多样。

农学院以栗源堡为基地，加紧实习试验场所的恢复与建设，与当地有关部门商谈，划定栗源堡狮子山部分荒地以供开垦，并租用村民水田20余亩作实习试验场地。同时还着手恢复原设在乐昌县的武水演习林场，实施5年植桐计划；又在乐昌县出水岩琵琶岭筹建2800多亩实习农场。

为了解决蚕桑系师生实习试验场地，1940年12月农学院与湖南省建设厅签订合办湖南蚕丝改良场协议。1941年春，蚕桑系主任杨邦杰与杨星岳教授亲自参与筹办，场址设在耒阳，蚕桑系着手培苗栽桑、养蚕制种，开展蚕品种比较饲育试验、制丝试验，接着进行湖南全省蚕丝概况调查。为了使优良蚕种保育、科研和推广工作不致中断，同年春，又建立了蚕桑系桂林工作站。

农学院对稻作试验场也进行了调整，将设在信宜怀乡的临时总场合并于南路稻作育种场，撤销了沙田分场。1940年，由广东省政府拨款补助，在曲江县龙归设立了北江稻作试验分场。农学院曾计划在新建的农经系设农村调查所，在畜牧兽医系设家畜病院及细菌实验室，以适应教学与科研的需要，后因故未能实现。

农林植物研究所侧重于经济植物的调查研究，除继续详细调查广东和海南岛植物的分布状况外，还先后派出采集队赴湖南阳明山、莽山，贵州思南，广西十万大山等地采集植物标本。

1942年1月，邓植仪辞去农林部技监职位回到中大，当时他只是一名普通教授，但与1929年从广西实业院黯然离职时的心情完全不同，那一年他才41岁,虽然表面上有些挫败感,但内心还有一种来日方长的淡定。可是时光如水,13个年头转眼消逝,从农林部辞职的邓植仪已经55岁,早到了知天命的年龄。回想奔波操劳的岁月,正值年富力强的时候,却遇上了国难当头,战火纷飞,很多理想都化为了泡影。很多人困惑彷徨,感觉前途一片黯淡,邓植仪更显焦急,对于他来说,时间紧迫,还有许多难关险阻等着他去攻克。

1942年4月13日,中山大学研究院农科植物研究所土壤学部召开土壤学讨论会,邓植仪教授主讲《四川气候之特殊与紫棕壤之化育》,全体学生出席参加。

1942年6月,金曾澄代理中山大学校长,任命邓植仪为中大教务长,这是他第二次担当中大教务管理的重任。

此时的中山大学学生大幅增加,教务工作也日益繁重。1942年11月2日,邓植仪在校本部大礼堂举行联合纪念周上报告校务,1942年10月招生工作已经结束,文、农、医三学院新生入学面试10月底完结,11月2日正式上课。其余法、理学院新生亦将开始入学集训。1943年3月9日的全校纪念周大会上,邓植仪详细报告了校务,关于农学院学生补考经过,奖学金增加名额办法,共计年度旧生增额5名,旧生增额5名轮流分配于各学院,其次序依学生人数多寡为先后。取录新生增额10名。当年学校待注册者共约3320人,先修班、附中、研究院合计500余人,本校学生共有人数合计约3900人。邓植仪的校务报告非常详细严谨,对各方面工作都有关注,大家感觉教务长办事令人信服,让人放心。

招生工作是办校的关键环节,每年招生教务处都非常忙碌。抓生源质量是邓植仪最注重的事情,从创办广东农专开始他这一点就远近闻名。在招生时他只认成绩和能力,想走后门、拉关系,甚至利用权力施压,在他那里门都没有。邓植仪公正廉洁的作风在教育界有着良好口碑,但背地里免不了有人说他固执呆板，六亲不认。

1943年8月，坪石区新生入学考试，校长金曾澄和邓植仪等亲自巡视。为强化学业管理，学校对学生转换院系做了严格的规定，如转院系考试不合格回原院系要降级，如转出学生欲退回原学院须取得原学院准许。规定教师对上课学生缺席要做登记，向学校报告。为了维护教师的尊严，整顿学校纪律，教务处规定学生如有迫使教师辞职签字，散发传单、标语，攻击师长者按照校规从严处罚，影响恶劣的将被开除。

除了每个学期的招生工作外，教务处还负责编制学生登记卡，办理审批学生转院手续，统计学生人数，制订刊物印刷计划，编制教员登记卡，筹印学校概况。

教务长不仅抓教学科研，同时负责学校行政，如校长公差外出，则由邓植仪代理校长事务。1943年10月9日，邓植仪代理金曾澄召开第三次行政会议，他向与会的各院院长报告本年度学生注册人数；各学院分别报告领用和追加学术研究经费办法。会议按照学校规定，对个别学生补考、降级录取、转校学生的成绩审定、军训问题等进行了讨论，一致议决严格按照规定办理或由学校审批。

教务管理工作事无巨细，邓植仪时常深入学生中间，谈心交流，讲述读书做人的道理。1942年11月13日中山大学举行庆祝成立18周年大会，邓植仪出席并带领全体人员向孙中山像行礼，并作了精彩演讲。

1940年春天由师范学院学生挑起的全校学生罢课事件，形成了一道阴影，一直是邓植仪心中的痛。他与师范学院院长沟通，亲自到师范学院与学生交流，并介绍英国雷威克教授给师院学生做演讲。1944年4月16日下午6时，在教员第一膳厅举行茶话会，欢迎邓教务长，席间由邓教务长报告校务方针，并探讨大学国文、英文水平如何提高等问题。到会人员畅所欲言，讨论热烈，提出了许多意见和建议。4月17日，师范学院举行"国父纪念周",邀请邓教务长参加。邓植仪作了《农业发展与普及教育》的讲座,对同学提出勤勉学习、恪守校规的要求。通过与学生近距离交流,了解了学生的内心世界,增进了师生之间的感情。邓植仪感觉师范学院学生们内心还是很纯洁的,只是受了一些不良风气的影响。会后,师范学院英语学会请英国教授雷威克演讲,演讲后进行了座谈。

  邓植仪与同学们零距离接触,听到了同学们的心声,感受到了大学生火一样的激情。他叮嘱院长,要正确引导学生,多给予关心和帮助,培养更多的优秀人才。

  学生们是民族的未来和希望,要让他们走上正确的道路,做一个有所作为的人。邓植仪担任教务长时注重完善学校制度,1942年第2次教务会议上,学校委托教务长、训导长、总务长等五人审议大学组织大纲草案,提交会议审议。当时有教员离职之后不交还所借图书,邓植仪令杜定友修订图书馆制度,规定以后离职者必须先到图书馆清还图书才能发放薪酬。同时加强图书管理员的职责,除遇到不可抗力的灾害外,造成图书损毁丢失现象的皆不能免责。此外,为了防止滥购图书,各院将应购图书书目提交图书馆,经审核方可购买。当时中大图书馆在邓植仪的支持下,馆藏图书不断丰富,购置图书的经费占到了全校总预算的5%。

26

  由于战时经济萧条,教育经费十分紧张,于是裁减教职员就成为节省经费最直接的方法。1943年年初,教育部为此令中大遵照执行。这次校务会议开得有点沉闷,每个人的表情都很严肃。邓植仪报告完教务工作后,大家的心悬了起来。因为下一议题是传达部颁国立大学和各独立学院教习人数暂行规定的决议。核心是裁减人员,提高工作效率,节省靡费。

这是一件很难决策的事情，朝夕相处的同事，裁减哪一个都抹不开面子，作为执行者颇感为难。由于上面设了限期，要求在寒假前确定裁减人数。校长会同教务长、训导长以及各院院长反复斟酌，最终还是难以做出决策。知识分子大都有自己的个性，每个人身上虽然都存在缺点，但也有长处。经过几次商讨，学校专门成立聘任教授、副教授委员会，由教务长拟订，再交教务会议审核。

因为裁减人员关系到教员的生计问题，成为一件极为敏感的事情，一直拖到1944年5月才完成。按照教育部定额，一共裁减了48人。教员部分，尚待教育部员额方案，教授、副教授、讲师、助教等资格的审定标准也已经确定。在特殊时期，被裁减的教员也没有太多抱怨，因为他们离去也不是毫无意义，一是让自己有了新的选择，同时也让留下来的人员提高了待遇。邓植仪作为教务长，首先提议，裁减人员之后，将缺员的课程由续聘教师兼任，提高兼任讲师、教授的上课薪金。

中大搬迁坪石，使这个小镇人口骤增，一度出现粮食供应紧张得状况。1942年学校成立"生活改善委员会"，委员会以邓植仪为主席。教育部增拨经费120万元，但是须拟订细则才能发放。到了1943年，学校的困难不断增多，邓植仪极为忧心，校领导通过不同的社会关系筹措粮食。请广东当局的行政长官李汉魂协助，电告重庆邹鲁，请求他出面帮助。邹鲁回电，已经电告湖南省长官薛岳，请求协助解决中大粮食问题。同时学校还电告省粮政局，禁止商人向粤北、栗源堡等地购买粮食，以保障学校粮食供应，提议得到广东当局的同意。

民以食为天，面对断粮之忧，学校规定如夫妻同住，二人分配大米会比单身少一些。当时教职员中有人为能多拿一点口粮，竟出现大批的假离婚现象，现实当中不为五斗米折腰的事，说一说容易，真正做起来的确很难。为纠正这种不正之风，后来学校专门规定，离婚同居者不得领取双份食米。

▲中山大学农学院在栗源堡时的教工住宅

这件事让我们联想到了当下,虽然现在我们不再为温饱发愁了,但为了逃避税款,方便分房或购房,竟有不少人办理假离婚。生活有时就像一场未知结局的戏剧,它荒诞离奇的一面让人哭笑不得。纵观历史,在一些特定的环境、场合,常常出现惊人的巧合。

那是一段让人煎熬的日子,面对精神、肉体的双重困境,安抚知识分子成为关键所在。教育部长陈立夫专程来到坪石看望中大师生,邓植仪与学校领导前往送行。陈立夫勉励师生克服困难,共渡难关。作为农学专家,在那种勒紧裤带过日子的时候,邓植仪更深刻地感受到农业在一个国家的重要地位,民以食为天,温饱是老百姓生存的基本条件。每遇战争和自然灾害,粮食显得尤其重要,它关系到社会稳定乃至国家安全。中国的农业基础很薄弱,产出低下,发展现代农业任重道远,作为农业专家,邓植仪愿意为此作出毕生的努力,付出全部的心血。

邓植仪在非常艰难的情况下履行着教务长的职务,同时也没有放松土壤学的研究和教学。当时年过半百的邓植仪,身体欠佳,患有高血压病,可他没有时间停下来休息。平时他驻守校本部,主持全校教务工作,无论教务多么繁忙，他都牵挂农学院的教学。每到周末，他就从坪石出发，翻山越岭，步行 30 多里山路，赶往栗源堡，处理农学院的教务工作，并按时讲授他所担任的地质学、土壤学、土壤分类学、农田水利等课程。

当年部聘教授是中国高等教育领域中的最高荣誉，邓植仪在土壤学、农林建设、技术管理、农学高等教育等方面都有突出贡献。1943 年 12 月 16 日，经全国学术审议会第一次大会通过，邓植仪被民国政府教育部聘任为"部聘教授"。全国高校只有 15 人当选，分别是胡小石、楼光来、柳翼谋、冯友兰、常道直、何鲁、胡刚复、萧公权、戴修瓒、刘秉麟、邓植仪、刘仙洲、高济宇、梁伯强、徐悲鸿。这批部聘教授中，农学界只有邓植仪一人当选。

从这些部聘教授中，可以看出，邓植仪在农学界拥有很高的学术地位。1940 年 8 月至 1942 年 7 月，丁颖担任中大农学院院长，后来调往粤北参加稻作改进所和农林部广东农林繁殖场的工作，辞去了院长职务，改由昆虫学专家张巨伯担任。1943 年 8 月校长金曾澄委任邓植仪接替张巨伯担任农学院院长。在 1943 年 10 月 9 日的学校第三次行政会议上，邓植仪以教务长兼农学院院长的身份出席会议，会上除了讨论校务之外，还以农学院院长身份报告农学院情况。

邓植仪认为农学院的工作还需要进一步拓展空间。首先是农学院"教建合作"的实践还需要加强。其次是农学院在栗源堡两年多了，作为学院教学和科研基地的农场没有建设好，只有区区的 20 亩水田，新建农场也只停留在计划中，所以他决定加速乐昌农场的创办。根据抗战时期的需要，邓植仪发动农学院师生以各种形式支援前线。1943 年 9 月农学院师生热情参与中大组织的救荒运动，以增加粮食生产。农学院学生在邓植仪的倡议下积极捐款慰劳鄂西将士。为了鼓励农学院师生对当前农业的热情，迎接战后的农业重建，邓植仪做了充分的准备工作。1943 年 11 月 10 日的农学院纪念周上，邓植仪请代校长金曾澄出席，传达了参加国民参政会的精神和战后农业实施计划。

在邓植仪主持下，农学院建教合作开展得很顺利，广东农林局委托赵善欢教授调查广东作物虫害情况和治理方法。邓植仪指令土壤所继续进行广东省内土壤调查，农学院土壤调查所派员调查粤北土壤，先后完成连县、南雄、乐昌、仁化、始兴五县土壤调查。

1944年1月，邓植仪通过与广东、广西两省商洽，由两广政府提供经费，农学院出技术力量，对广西十万大山的植物资源和土壤资源进行调查。农学院农林植物研究所采集队深入十万大山，在土匪盘踞、野兽出没的深山老林里采集标本，历时两个多月，克服了难以想象的困难。

27

1944年秋，日军为打通粤汉线，向粤北进犯，坪石形势危急。此时中共地下党组织抽调了200多名中大学生参加曾生领导的东江纵队，他们分批奔赴抗日前线，直接与日寇拼杀。

1945年1月15日傍晚，栗源堡乡政府获悉有一批日寇沿连坪公路开来，目标直指坪石镇。学校获知消息，立即通知疏散，邓植仪紧急组织农学院师生员工和家属，扶老携幼，趁着暮色，仓促躲进附近山野。时值隆冬，天寒地冻，而且那天晚上还下着绵绵细雨，大家在山林里慌乱奔跑，寒风冷雨，师生和家属冻得直打哆嗦。附近村落里不时传来刺耳的枪声，小孩在寒风中不停啼哭，大人们心惊胆战，感觉灾祸随时都会降临到自己头上。每个人都面色凝重，大家相顾无言。那天晚上大家露宿荒野，女人们满是悲凉，搂紧孩子，不时在心里祈求老天开恩，让一家人躲过灾祸。幸好鬼子在栗源堡没有久留，只稍微搜索了一下，然后就直奔坪石镇区。

惊恐万分的师生员工，利用山林和夜幕掩护，在日寇的枪口下躲过了一劫。

这次袭击事件由于情况紧急，师生们只好分成几路突围。往东走仁化、梅县等地，往西走连县等地。而工学院卫梓松教授因来不及突围，不幸被敌人抓获。他面对敌人的威逼利诱，不为所动，最后自杀殉难。附中教师陆兴焰、学生诸兆永在坪石至仁化转移途中，惨遭日寇杀害，在师生们心中留下了永久的伤痛。

邓植仪作为主心骨，组织农学院师生、家属，巧妙撤离，进入了更偏僻的笆篱堡乡。身板瘦弱的教授们，用箩筐挑儿担女，奔走逃亡。当行走到一处隐蔽的山窝里，邓植仪感觉地形较好，于是把大家安顿下来，然后设法找到连县政府，借用政府电台与重庆教育部取得了联系。教育部接到邓植仪的请示，令农学院迁往连县三江镇，设立中山大学连县分教处，并任命邓植仪兼任分教处主任，设法尽快复课。邓植仪接受任务后，带领农学院师生从笆篱堡乡出发，翻山越岭步行前往连县，寻找教学点。

中大学生撤离坪石后，大都走散，后来只好分布在好几个地方上课，有一部分师生，由代理校长金曾澄带领，经乐昌、仁化，向东行进，赴龙川，最后把校本部安排在梅县。研究院、文学院、理学院、医学院、先修班、师范学院附中部分师生也在梅县校本部附近上课，其他学校在梅县周边地区教学。教务主任邓植仪负责连县分教处，除农学院之外，还有文、理、法、工、师范学院部分学生。

在连县办学时邓植仪坚持正常教学，虽然条件比在坪石更艰苦，但教学质量没有降低。师生们克服了重重困难，甚至可以说是冒着生命危险，坚持学习。

对于教学管理，邓植仪是个一丝不苟的人，条件再艰苦，生活再困难，也不能糊弄学生。在邓植仪的精心安排下，复课后不仅补上了因疏散漂泊造成的缺课，而且基本上保证了学期的正常教学进度。

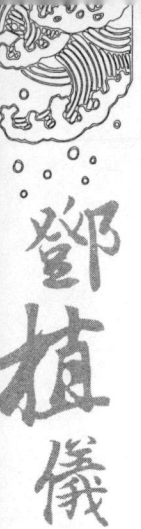

没有到达粤东或连县的部分师生,则留在仁化县,组成仁化县分教处,以陈宗南教授为主任。梅县的校本部和连县分教处,都在1945年3月恢复上课。学院在连县东陂教学,那里农业生产搞得很好,有利于教学和科研。农学院的主要教授如丁颖、侯过、赵善欢、王仲彦、林亮东等大多数师生都追随邓植仪到校复课,专业课由这些教授承担,一些基础课则聘请在连县分教处的理学院教授担任。

1945年7月间,中山大学校本部令农学院从连县迁至五华。邓植仪召开院务会议讨论,他认为一是留在连县的师生较多,而且连县教学点的设备更全,在连县开课条件较好;二是路途险阻,再次迁移会带来损失;三是连县招生更容易。鉴于这几点,邓植仪将农学院的要求向校本部反映,并让五华县的师生集中到连县上课。

说实在的,连年战乱,居无定所,师生们像一群倦鸟,已经身心疲惫了,他们多么渴望有一个安宁的环境,让战争早点结束,让校园重新恢复平静……

经历8年艰苦卓绝的浴血抗战,终于取得了胜利,虽然我们付出的代价非常沉重,但总算盼来了胜利的这一天。1945年8月,日本天皇发布《停战诏书》,宣布无条件投降。在中山大学连县分教处,以邓植仪为首的师生根据校本部的命令,在当年10月,成立复员委员会,领导筹划返校工作。经过半个多月的筹备,结束了7年颠沛流离的日子,师生们陆续从粤东、连县、仁化等地返回广州。回校的路上依然是困难重重,师生们望着战火燃遍的大地百感交集。

1945年12月15日上午9时,中山大学师生千余人在文明路旧址的小礼堂举行追悼大会,一是祭奠在战中遇难的师生;二是祭奠从粤东返校途中,搭乘祥发、祯祥两轮失事,在汕头海面遇难的54名师生。在归途中共有73名师生遇难。

第九章　春回大地

28

　　1945年12月，代理校长金曾澄离任，12月1日王星拱接任中山大学校长。毕业于英国伦敦大学帝国科学技术学院的王星拱，是一位思想开放的学者，留学期间曾参加孙中山领导的反清进步运动，1910年加入中国同盟会欧洲支部。1916年获硕士学位回国，任国立北京大学教授，在《新青年》等刊物上发表文章，宣传科学知识，反对宗教迷信。1928年就任安徽大学校长，后与李四光等人一起负责筹建武汉大学，并成为国立武汉大学化学系首任系主任。1933年5月出任国立武汉大学校长，1945年任国立中山大学校长。1949年10月8日，病逝于上海永川医院，被时任上海市市长陈毅誉为"一代完人"。

　　当时中山大学在抗战胜利的欢呼声中迁回了广州石牌原址，各学院相继复课。医学院仍在东山百子路，先修班及师范学院附系中学则在广州文明路旧校。随后师范学院改制，将所属国文、英文、史地、理化、博物、数学各学系分别合并于文、理两院相关学系上课，仅留教育学系并入新设的体育学系。

　　1946年7月，各学院研究所进行改编工作，所属文科、师范、农科及医科各研究所，分由文学院、师范学院、农学院、医学院兼办。同时，文学院中国语言文学系改为中国文学系及语言学系；理学院数学天文系改为数学系、天文学系；文学院文科研究所，改为中国语言文学研究所暨历史学研究所；师范学院研究所改为教育学研究所；农学院农林植物研究所改为土壤学研究所；原有农林植物学部，分拨理学院，改称植物研究所；医学院研究所改为病理学研究所；研究部门日见完备，但问题也随之而来。

1946年1月中下旬，中大各项工作恢复正常。此时昆明"一二·一"惨案消息传来，社会动荡加剧，国内形势急剧恶化，蒋介石撕毁政协决议，全面发动内战。中山大学与其他高校一样，正常的教学秩序受到严重干扰，通货膨胀严重，物价飞涨，货币无限贬值，师生得不到最起码的生活保障。各高校反内战、反饥饿、反迫害的爱国民主运动不断高涨。

1946年1月27日，中大召开大型座谈会，大家发言慷慨激昂，愤怒揭露国民党当局镇压学生爱国民主运动的暴行，声援昆明学生的爱国民主行动。1月30日1000多名学生步行来到文明路平山堂，与汇集在此的中大附中、中华文化学院等校的学生队伍共2000余人，举着"庆祝全国政治协商会议成功召开！"、"要和平、争民主、反内战"的大幅标语，前面有汽车开路，举行了浩浩荡荡的游行。途中有不少大中学生加入队伍，有学生沿途向广州市民讲演昆明"一二·一"惨案的事实真相，并高呼"政协会议只许成功不许失败"、"反对新闻封锁，取消特务组织"、"实行民主政治，反对内战"、"反对一党专政，组织联合政府"等口号。这次游行，是广州沦陷到抗战胜利以来的"第一声春雷"。

1946年1月31日，由国民党、共产党和其他党派及无党派人士代表参加的政治协商会议闭幕，颁布了国共两党签订的"停战协定"。国民党广东当局自恃强大，否认广东有共产党领导的抗日队伍，妄图消灭中共领导的人民武装。国立中山大学学生临时工作委员会在共产党的领导下，发动群众，反对内战，要求国民党广东当局承认广东拥有中共领导的人民武装，要求国民党结束一党专政，实现和平民主。

2月19日民国政府立法院院长孙科来粤，在民主人士李济深、李章达、蔡廷锴等人的支持下,国立中山大学等20多所大中学校3000多名学生,以欢迎孙科为名,进行了一次示威活动。游行队伍沿途散发传单,张贴标语,高呼要和平、要民主、反独裁、反内战、反对一党专政,要求国民党承认广东有中共领导的人民武装。游行队伍来到一德路孙科入住的宾馆后,孙科只允许一名学生代表去见他,大家推举刘承祖向孙科呈递请愿书。孙科迟迟不接请愿书,更不对请愿书的要求表态。游行队伍等得很不耐烦,中大法学院学生贺琦大声疾呼,我们都进去见孙科吧,大家应声冲进去。见学生们情绪失控,孙科不得不与大家见面,收下了请愿书,并答应将请愿书转达给国民党当局……

　　政协会议闭幕后,国民党右派公然违反政协会议决议,制造反苏反共游行。1946年2月24日,国民党军警开进中大校园,逼迫学生临时工作委员会组织反苏反共游行,由于游行没有成功,恼羞成怒的军警竟殴打拒绝参加游行的工学院学生江仲怡。师生从江仲怡事件中痛感人身安全毫无保障,纷纷要求组织起来进行反抗。3月25日,中大"人权保障会"成立并发表宣言。4月中旬,中大各文化社团成立"中山大学文化社团联合会"并创办由茅盾题写刊名的会刊《中大文讯》。同时,各系同学开始酝酿成立学生自治会。中大国民党、三青团组织拉票竞选,由于多数学生倾向进步,拉不到票,他们便要求学校宣布,不准成立学生自治会,而是另外成立了一个官方的"学生自治会"。4月24日,以中大为主体的广州市各学校学生联合会成立。成立大会根据中共广州市青委意见,决定"五四"举行全市学生大会并组织游行示威。后中共广州市委获知三青团企图利用"五四"搞反苏游行,制造事端镇压进步力量,便当即修改计划,将集中活动改为分散活动,避免了一次可能发生的流血事件。

　　1947年5月20日,京、沪、苏、杭16所高等院校学生5000多人在南京联合举行示威游行,发出挽救教育危机的请愿书,要求民国政府增加伙食费和教育经费，提出了"要吃饭、要生存、反内战"等口号。学生的游行遭到国民党军警的血腥镇压，造成21人重伤、97人轻伤、20多人被捕，发生了震惊全国的"五二〇"惨案。消息传到广州，中大学生奋起声援。校内到处可见"反对内战,反对饥饿"的横幅和"反对迫害,要求生存"的标语。广州地下党指示中大地下党和"爱协"，要勇敢地站在群众的前面，把斗争引向深入。中大地下党及时向工作在第一线的党员提出要求，团结并带领群众开展自由斗争。

29

1948年7月，王星拱校长因病辞职，教育部任命张云接任校长。当时因张云还在美国讲学，无法及时赶回，决定由陈可忠暂时代理校长。

1949年6月，陈可忠去任，张云接任校长。此时，中国人民解放军已横渡长江，向华南挺进。9月间，人民解放军节节胜利，迫近广州，校当局想把中山大学迁往海南岛。校内师生员工绝大多数提出反对，为了保护校产，进步学生和员工进行了护校斗争。10月初，将校本部公物运进广州文明路中山大学封锁于大钟楼内，严加保卫。而石牌各院系公物，秘密贮藏封存，轮班守护，使国民党无法运出，护校行动取得重大胜利。

1949年10月14日下午，国民党军队炸毁海珠大桥，破坏了电厂，毁坏公共设施。15日凌晨二时军队进城，广州解放，解放军接管了中山大学。

1949年深秋，邓植仪离开中山大学农学院，取道前往香港。凭他的学术成就完全可以赴美、留港，或去往台湾，但他深爱着故土。直至年末，广州的形势已经稳定，暂居香港的邓植仪开始牵挂中大，思念家乡。他感觉中大同事们的选择是正确的，新政权的建立可能改变旧中国农业、农村、农民的状况，实现科学救国、教育救国的梦想，实现推广农业改良计划，振兴中华农业的毕生追求。中大和石牌，那是他魂牵梦绕、朝思暮想的地方，他真的很想回去。

通过打听，获知老同事丁颖已担任农学院院长，但是并没有给他发来聘书，当时邓植仪陷入了失望之中。看来中大是回不去了，他虽然暂居香港，但仍然忘不了石牌校园和中大农场的一草一木，那里有典雅庄重的红墙绿瓦，还有旖旎秀丽的湖光山色。土壤研究所里许多书籍和仪器、标本，都让他难以割舍，不能忘怀。在香港的那段经历是邓植仪一生中最纠结的时期。那段时间他苦苦思索，自1914年从美国留学归来，屈指一数已经35个春秋。回想30多年的流光岁月，让他感慨不已，思绪万千。当年一身抱负、满怀壮志的热血青年，转眼就已两鬓斑白。花甲之年的邓植仪，为中国现代农业的发展，为农业教育的繁荣，呕心沥血，日夜操劳。可是由于遭逢乱世，科技强国的理想、振兴农业的追求屡屡受挫，直到1950年春，中华人民共和国农业部给他发来出席全国第一次土壤肥料大会的邀请书时，眼前的阴霾才开始消散，郁闷的心情才见到一缕久违的阳光。

1950年4月，全国第一次土壤肥料大会在北京农业研究所召开。这是土壤肥料学界的一次盛会，会议回顾了过去土地利用概况，确定了今后的方针。农业部部长李书城在大会上致辞："这次土壤会议，以解决当前问题为主；同时要制订将来计划，以达到逐步地恢复及提高土壤肥力，增加产量的目的。"封建经济的耕作方法，造成了对于土壤肥力不断破坏的趋势；特别在抗战时期，森林的砍伐，荒山的开垦，河道的失修，使土壤遭受大面积破坏，造成严重的水旱灾荒。其次牲畜和燃料缺乏，肥料来源困难，加之农民每年在自己土地上连续栽种同类作物，使土壤肥力不断丧失。

这次会议邓植仪作了题为"广州三角洲土地的利用和沙田部分的生产改进意见"的书面发言，提出机耕、设置排水装备、改良稻种和改个体经营为合作经营等意见。邓植仪的发言很有针对性和实用性，得到了与会者

的高度认可和赞誉。会议结束后,他没有止步休息,而是投身社会主义建设,积极发挥所学之长。

农业部长李书城邀请邓植仪出任农业部土地利用局局长职务,此时邓植仪已在中大办理了退休手续,他考虑到自己身体欠佳,难以胜任机关领导的重任,于是向李部长说明情况,婉谢了他的美意。他向李部长建议,局长一职还是让年富力强的同志来担任,那样更能搞好工作。

考虑到邓植仪的年龄与身体等方面情况,李书城部长表示可以采取变通的方法,如身体不适可随时停止工作,进行休息,并再次诚邀邓植仪出任这个职务。

民国政府时期,邓植仪曾在农林部任职,知道担任机关领导要率先垂范,如不能尽职尽责,将于心不安,对工作也不利。所以他再次向李部长表示,心有余而力不足,确实无法担任领导职务。最后李部长尊重了他的意愿,邀请他担任农业部顾问,安排一个相对务虚一点的岗位,工作方面可以灵活掌握时间,那样使他没有太多的压力,工作上也可量力而行。邓植仪对这样的安排非常满意,表示积极发挥余热,很愉快地接受了部长的邀请。1950年8月,邓植仪正式到农业部工作,从此,他像一抹绚丽似火的晚霞,为共和国农业科研事业发出自己的光和热。对一个热爱农业、热爱科研的人来说,这是人生最大的快乐和幸福。

第十章　学科之父

30

作为中国土壤学科的先驱，邓植仪很早就开始了一系列基础性研究。20世纪30年代，中国的现代土壤学还属于萌芽阶段，邓植仪就主持开展了广东土壤调查，他撰写的一系列县级土壤报告，成为华南地区早期土壤学的重要文献。

这批土壤调查报告十分全面，包括对生态环境、土壤状况、气候水文都有较为详细的描述，而且具体到当地的农业、林业生产。如此细致严谨的调查工作，所得出的调查成果自然会成为广东农业史上的重要文献。比如长达6万字的专著《广东土壤提要初集》，对琼北、钦廉、西、北、东以及韩江等流域的土壤分类和地理分布特色做了系统详尽的调查分析。除对土壤分类研究之外，还对各地农林业地理作了调查记载，并提出了各地农业林业改进和水土治理、环境保护的建议。内容非常切合实际，书中的忧虑和思考音犹在耳，虽然70多年过去，但意义至今仍未过时，甚至对当下某些现象有一针见血、切中要害的效果。面对环境雾霾、沙尘暴、水土污染日趋严峻的现实，邓植仪预言式的忧虑具有响遏行云般的震撼。

邓植仪既注重生态保护，也提出加强荒地的利用。当时由于农业基础薄弱，农作物单产低下，垦荒可以增加粮食生产，解决当时广东最为紧迫的缺粮问题，同时也能增加农民收入。当时广东全省农业人口有2000万，如政府能制定整个垦荒政策，平均按户授地50亩，并筹划资金，一定时期内垦完，发展大规模的林业、果树种植以及畜牧业，5年之内见小成，15年内将大有可观。邓植仪撰写该书时，正是陈济棠实行"三年实业计划"初期，对建设厅农林局的农业政策的制定起到了重要的参考作用。当然，由于后来陈济棠下台和抗战爆发，广东现代农业的进程严重受挫，邓植仪历尽艰辛撰写的农业计划，其作用未能及时显示出来，成为他人生中一大遗憾。当然，那些付出了心血而取得的科研成果，最终还是产生了重要的作用，如广东各县土壤调查报告为解放初期的农林规划提供了重要的决策参考。作者对广东水土流失、养分流失的记载，对其成因的分析和对策，在后来很长一段时期都具有重要的参考价值，成为广东水土保持和环境治理的重要依据。

留学美国的邓植仪具有开放性的治学态度、超前的学术眼光，他搞科研从不闭门造车。在理论与实践相结合之间，注重追踪国际性的学术动态，广泛吸收国外学者的观点，尊重别人的科研成果。同时他又不盲目崇拜，轻信结论，坚持他的独立观察和科学分析，所以他在土壤学研究领域屡结硕果。

1925年，邓植仪发表《论砂与泥之性状及土壤分类法》，这是中国应用现代土壤学理论进行土壤分类的首篇论文。他撰写的《研究土壤分类之趋势》一文介绍了国际上通行的分类原则，认为中国地大物博，应根据我国土壤的具体情况确定出土壤分类的原则。以前对于土壤分类，过多偏重地质和地文，关于气候对土壤产生的影响却很少给予关注。

为加强国内土壤学界的交流，1934年，邓植仪、彭家元与陈方济教授等人倡议成立了"中华土壤肥料学会"，并共同主编《土壤与肥料》(季刊)，作为国内土壤学界学术交流的刊物。1935年，邓植仪参加了第三次国际土壤学大会。在这次大会上，除了全体大会以外，还有各国的科学家几十人参加的小会。邓植仪向各国土壤学家详细介绍了中国土壤学界的学术动态，包括国内学者情况和出版的论文、专著，着重介绍了国内的土壤调查和国内主要的土壤学研究机构,并将他的《番禺县土壤调查报告》附上英文稿,在大会上散发。通过自我介绍,使各国同行进一步了解到中国学者的研究情况,提升了中国土壤学在国际土壤学界的地位,促进了中外土壤学界的学术交流。

邓植仪利用这次机会,专门深入到欧洲主要国家和美国考察土壤学和农林状况。在美国,他很留意土壤管理。在后来的考察报告中,他重点关注了美国在农业垦殖扩张的过程中,水土流失的状况,土壤管理方面所存在的问题以及美国对此进行的水土保持计划、林业管理等措施。认为美国"此种保持土壤计划,虽非一时可见功效,然能切实施行,当可维持农业于永久不隳,利益无穷,实乃国家根本大计也"。由此他联系到连跨数省的大西北,"冲刷崩塌,满目皆是,不独地力日见摧残,农作难望发展,遗害所及,且演成黄河水灾之惨",建议我国政府在这方面"借镜于美国"。

考察期间,邓植仪非常投入,他人在异国,心里却挂念着祖国大西北,认为西北的开发与水土保护已刻不容缓。归国后遂有西北开发的重要论文问世,其中提出整治黄土高原的水土流失,"应先种牧草,然后造林以防治水土流失"。这正是今天大西北环境治理的重要措施。而邓植仪在20世纪20年代就提出了这一科学见解,他在土壤学研究上没有局限于华南,而是涉及全国,他的研究成果与当时的农业发展紧密结合,所做的努力与农村、农民息息相关。

31

作为一个农业专家,邓植仪对农业从一而终,我们从他的研究方向上可以觉察到他对民生的深厚情怀。邓植仪胸怀博大,视野开阔,他把土壤学作为一个庞大的基础学科来看待,在教学科研中注重整个学科的宏观性和互动性。以大农业为背景,结合相关领域,密切关注土壤环境管理关键

技术的研究，加强土壤学理论探讨，注重土壤学研究成果为农业生产服务，提升土地效益，发展农业经济。

1924年，邓植仪在国立广东大学农科出版了《灌溉及排水学》。这部8万多字的专著，作为教材，系统地论述了灌溉及排水的意义，作物及土壤的关系。如植物需水量、灌溉对耕作的重要性、灌溉之影响收获量、灌溉用水量、量水及分水法等。邓植仪将灌溉提升到一种新的高度，提出了：灌溉和土壤改良的关系，灌溉后排水之意义；地下水、排水渠、地下排水管及其位置；其他排水法；堤防排水之规则；潮淹地之改良；灌溉地之排水。全方位论述了灌溉排水对土壤的影响，与农作物生长的直接关系。

这本教材深入浅出地讲解了土壤学的意义，有针对性地提出高亢土的水资源利用和低洼地的排水改良方法，在学术上推动了早期土壤学科体系的建构。虽然只是一本高等农科院校的教材，在发行传播方面受到一些局限，但在培养学科人才、改良我国大面积的旱地和低洼积水土地方面有独到的见解和创新。特别在灌溉章节着重提出了节水概念，强调用改良整地法减少地面径流损失，减少地面蒸发，强调中耕，以及在作物需水期的灌溉。针对稻田，研究水稻的用水适量，提出作物生长的各种因素，水稻的需水量的影响。我们回过头去审视一下，由于我国农业节水技术的落后，致使很多地方出现严重缺水。当下面对水资源日益匮乏的现状，如何推广节水灌溉，缓解水资源紧张已成为困扰农业发展的首要问题，我们不得不承认，邓植仪的目光比许多人看得更远。

1930年年初，邓植仪曾编写过一本《化学肥田料之使用法》的科普读物，在8000多字的简短篇幅中，介绍了化肥的种类、化肥的来源、性质与效用。详细分析了各种化肥的成分和对农作物生长的作用，以及使用化肥时必须注意的事项。别小看了这本小册子，它的现实意义与科普价值，已超过了众多的长篇巨制。邓植仪以一种特有的预见性，留下了醒世警言。

通过对广东各县土壤分类调查，掌握了广东一般田地的种植物，以及土壤所需肥料的情况，在指导施用肥料时能有的放矢，节约成本，增加效益。撰写该书时，邓植仪带着一种高度的责任感和使命感。当时广东正从国外大量进口化肥，而因为一般农民不了解化肥的使用方法，往往造成误施和滥施现象，如不及时纠正和引导，其后果十分严重。为了普及化肥知识，纠正误施行为，邓植仪指导农民应注意适度使用。如硫酸亚不宜在酸性土壤中连续使用，正确的方法是与花生麸或牲畜粪便混用。他特别提醒单纯和过度使用化肥，会影响土壤和农作物品质，应尽量多施用有机肥，避免土壤性质被破坏。

大量施用进口化肥，从长远来讲会使土壤和农产品质量变劣，而从短期来讲，则造成外汇大量流失。1932年，他派苏旭光到广东各外贸港口调查化肥进口的数量，以及在广东的营销网络情况。1933年，苏旭光进行详细调查后，形成了结论。随后中山大学出版了《广东化学肥料营业施用概况调查报告书》。这份报告立即引起广东省政府的重视，后来加大了对进口化肥的关税。

除了化肥对土壤的破坏，在南方石灰同样也不宜施用过多，石灰施用过多会造成土壤中有机质养分挥发，地力退化。邓植仪在论文中以广西柳州附近农田为例说明了这一情况。广东的咸田，植物营养成分很丰富，只因地势低平，排水不良，故水溶盐不易排除，需要改造耕作方法，按照科学方法改良稻种，分早晚两季耕作，并改变耕犁法以应付缺乏淡水的天然限制。

为了研究咸田的合理利用，掌握珠江口咸淡水涨落的最佳灌溉时间，邓植仪和助手陈瑞麟合作撰写了《沙角稻田土壤碱性之初步研究》。在助手的协助下，连续跟踪调查从东莞虎门沙田区将不同时段的水分取土化验水溶盐质，通过详细的数据分析，对沙田土壤的水溶盐质、水分、氮磷钾钙作了综合测试，最后确定在隆冬、夏令和初春时节沙田水分的含盐量，

掌握了沙田耕作和灌溉的最佳时机。这项研究对珠江口沙田的耕作和灌溉具有很强的实用价值。

32

土壤学是一门系统的应用学科，通常情况下，土壤性质的改变主要原因是干旱和风沙。所以邓植仪非常重视对土壤环境管理的研究，提倡抓好水土保持和森林保护。

1921年他就提出森林和水土保持、水旱灾害的关系。在广东各地进行土壤调查时，他看到有些土地因地势倾斜度较高，天然排水力甚强，易受雨水侵蚀冲刷，甚至崩塌成沟壑。他在土壤调查报告中多次描述一些地区环境恶化，山体倾斜开裂，险象触目惊心。

抗战期间，由于战时农业体制强调增产杂粮，山地开垦强度和广度较之战前力度增大。邓植仪对这种情况甚为担忧，由于战时粮食生产的需要不得不开发山地，包括坡度很高的不适宜种植的山地，这种开发不可避免地引起严重的水土流失，造成山体土壤破坏。为了限制对山林的盲目开发，1939年他利用参加全国第一次生产会议之机，提交了五个提案，其中有一个是《采伐及保护西南天然林案》，要求民国政府统制大西南剩余的天然森林，不准乱砍滥伐天然林，将不适宜耕作的荒废山岭划归省有进行营林，制订森林管理法规和管理机构；对山地进行合理开发和利用。

1940年上半年他还在中山大学任教，撰文讨论1939至1940年湘粤桂三省的垦荒运动，指出"考增产粮食之有效办法颇多，现几悉数运用。检讨过去一年之成果，以就原有耕地之增产为著，而垦荒之成效甚微，此固意中事也"，暗指对山地的盲目开垦得不偿失。论文最后从土壤环境管理的角度提出对山地水土保持和合理利用的建议："湘粤桂三省气候，为高温多雨，荒山荒地，因渗漏与冲刷无数，土质大都贫瘠缺乏氮磷。山冈之地，最经济之利用，厥为造林与畜牧，广平之原或缓斜之坡，则一般旱季作物与果树多宜。苟非种植水稻，则水利设备，非属必要。唯须注意多事畜牧，与种植绿肥，以维持地力，改进土质，则垦殖基础，渐臻巩固，而事业之发展，可计日而程功矣。"

　　1944年中大在粤湘交界处办学，邓植仪应邀往湖南演讲。战前邓植仪、张农、侯过等人应何键之邀，对湖南进行过土壤调查并做了土地利用和植树造林的规划，所以邓植仪对湖南的农林情况非常熟悉。邓植仪在两篇关于湖南农业的文章中着重谈了生态环境的保护问题。《湖南之土壤问题》一文是对湖南土壤的研究，他提出了对湖南各种土壤的合理利用。如红土与黄壤，"本类少年之土，生产力尚佳，如倾斜度不大，可变作梯级水田或植旱作物或作果园。如斜度超过十五度者宜于造林。至老年之土，亦可造林，大抵作松竹林或油茶颇佳"。

　　在长沙给湖南农林界人士演讲《湖南之农业问题》，全文除了讲述湖南农业人才的培育问题、作物合理种植之外，其余用了三分之一的篇幅谈了湖南山地开垦和湖南四江（湘江、资江、沅江、澧水）、洞庭湖之间的水利关系，指出"政府为增加生产，正在发动垦荒。湖南可垦的荒地很多，要想把这些可垦的荒地开发增产，就不能不把沿四江及山林的水利问题予以注意"。他不无忧虑地指出："湖面一天一天缩小，而湖身一天一天淤浅，于是上纳九江和藕池各口的下泄之处，如岳州城陵矶对岸至泥嘴等处，业已淤成高原，横亘其口，狭如束颈然，此为近年来洞庭湖水患所由来。民国以来，滨湖人民，时时有民鱼之叹。就是湘资沅澧各流域也节节淤成滩浅，遏水逆行，每至春夏之交，两岸难免横流之灾。而民国二十年（1931）因全国有大水为灾，后来中央洞察本源，乃召集'废田还湖会议'，以谋救济，但是积重难返，要想马上措诸实施，实非易事。"邓植仪这段话好像不是在70多年前讲的，而是对当下的醒示和告诫。"废田还湖"如一声警钟，长鸣了半个多世纪，可还有人没清醒过来。生态环境的破坏是急功近利的短视行为，而生态环境的恢复却是漫长的痛苦过程，而且有些破坏是灭绝性的，一旦毁坏再也无法恢复。常言道：苍山容易改变，但难恢复原状。邓植仪20世纪三四十年代对环境保护就有如此清醒的认识，我们作为后来者真要为自己的行为而羞愧！

在邓植仪眼里，土壤学是一门应用科学，他除了在土壤学著作中谈及土地利用和作物利用之外，还撰写了土壤学和栽培学之间关系的论文，深入研究各类作物的土宜。《园艺作物的土宜》一文就是他在1929年下半年到1931年上半年任农场场长时的研究成果。当时需要规划石牌农场的土地利用，农场中要种植经济价值较高的园艺作物以增加收入，所以邓植仪对农场的土壤进行了全面调查。根据土壤的类别分别种植不同的园艺作物，发现蔬菜、花卉等作物需要的土壤宜空气流通；水分须充分适宜，大约水占其空窍60%，空气40%为宜；排水宜良好；有机质丰富并须腐化透彻；营养成分充足。而果树的土宜虽与此类似，但稍有区别，如表土宜深；底土的物理性良好，切不宜太密实或疏松。还细致说明柑橘、菠萝、桃子、荔枝、龙眼、番石榴对土壤和耕作管理的要求。

为了探索水稻土与根系之间的关系，以根下部分生长状况说明地面上部作物生长，为水稻的品种选育和耕作法提供依据，1934年至1935年，邓植仪和丁颖、助教丁宗壥一起，对水稻土和迟早熟品种根系、耕作对水稻土中水稻的根系分布、稻的上部和水稻土中根系的分布做了详细的数据分析和研究。观察时间长达两年，参考了十几种外国学者的相关研究，并将外国学者的成果加以改进。结果发现，水稻在水稻土中的根数之重要，发达时期因早晚而有很大的不同。中耕对根的伸长影响很大，说明中耕能使稻的根系向下伸长而增加其对土壤肥分和水分的吸收，增强其抗风能力与产量；根部发展情形，似与茎部有密切关系。这项研究为水稻的品种选择培育和水稻的耕作法提供了根系方面的理论依据。

1932年,邓植仪对丁颖的稻田地力研究、水稻三要素适量试验、水稻吸收三要素时期试验均参与了合作,丁颖在沙田水稻的肥料试验论文多处引用了邓植仪、陈瑞麟对虎门沙田水稻灌溉适宜时间的研究。在邓植仪的带动和倡导下,全院的学术氛围日益活跃,互动性增强,土壤学与栽培学合作研究得到农学院专家们的热烈响应。

邓植仪不仅倾情于学术理论的研究,而且时刻关注现实,体恤民情,全身心投入工作,不遗余力地改造农村的落后面貌。他对农业问题有独到的理解,他发展现代农业指导思想,成为后人前进的路标。

早在1924年,邓植仪在他的文章中就涉及农业农村农民这一重大的问题。他提出农业是本省实业的重要组成部分,但各地缺乏农民团体组织,观念守旧,没有发展现代农业的意识,使土地出产不如人意,经济无法繁荣,与商业者比较相去甚远。要改善农民生活现状,必须更新观念,改良耕作技术,提高农作物产量,加强知识培训,成立农民组织。

对于农民的处境,邓植仪一直是心怀忧虑的,自清末开始,广东农民的经济状况日趋困难,入民国以后,情况更加不堪,强盗土豪劫夺,苛捐杂税剥削,西方列强侵略,农场经济濒临破产,老百姓苦不堪言。1924年以前,政府对于农民经济绝无理会,这是邓植仪对清末民初以来农村状况的总体分析,以及对政府的不作为提出的尖锐批判。

1935年他在总结清末民初三十年以来的"三农"状况时还有更尖锐的批评:"此三十年间,农场之现象,竟弄至大农变中农,中农变小农,小农变佃农,佃农变失业,以致游民遍地,百业凋零。"他指出农业崩溃的几大原因是:鸦片赌博、苛捐杂税、土匪为害、外货侵略、农民智识太低。

邓植仪在1944年提出:"我国农民凡三万万之众,农村之多,难以数计,农业改进之对象,当为农业农村农民三者,其工作之大于艰难,诚为事实,

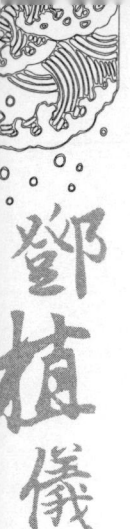

然我国过去农业科学建设,未能切实以此为对象,故农业农村农民之实情,未能深切明了。"

从以上的叙述中可以看出,邓植仪是一个真正关心农民疾苦的学者,他深知农业改进不仅是一个技术推广的问题,还有诸多相关的社会问题。

1924年中国国民党改组召开了第一次全国代表大会,通过涉及农村、农业、农民问题的决议时,邓植仪无比高兴,他在《三十年来之广东农业》一文中有如下记录:"自是年中国国民党改组开第一次全国代表大会,始注意及之,旋议决政纲,内有减轻佃农田租25%,统一地税,废除苛细杂捐,禁止先期收租,禁止重利盘剥,最高利率不得过20%,禁止包田制,不得预征钱粮,及改良水利等规定。"虽然这些决议可能只停留于纸上,未能如期实现,但毕竟让农民看到了一线希望。邓植仪的内心有一种愿景和梦想,那就农民富裕,衣食有余,幸福安康。

邓植仪是一个真正意义上的农业专家,他走出书斋,深入田野调查,脚板上永远沾着泥土。20世纪30年代前期陈济棠实行三年施政计划,赞同当局将"设立农民银行及提倡组织合作社为改善农场经济之最有效办法。此项办法,现定为三年计划之一种,合作社由全省合作总社负责提倡指导之。农民银行则令行各县切实筹备,而番禺县现已首先成立矣"。他在大西北考察,对于上海金融资本向大西北农村的渗透表示赞同,认为西北地区农民多土地,且肥沃,"年来沪上银行已有向西北农业投资之举,宜本其农商合作之精神,一方增益农民之资本扩大其生产能力,他方扶助农民一切合作事业,务使农民经济日见改善,而生产始可蒸蒸日上,则农商自渐次可有进展"。邓植仪这个观点,对于当下广大农村来说,同样有着很好的指导意义。目前农民进城务工,劳动力大量外流,土地的产出无法提高,随着城镇化步伐的加快,城市工商业资本完全可以向农村转移,投入农业项目,反哺农村。搞规模化种植和养殖,提高土地利用率,增加农民收入,繁荣农村经济。实行农业生产标准化、产业规模化、经营集约化，获取规模效益。这是未来农村发展的大趋势，也是资源与资本的最佳结合。邓植仪当年思考的问题，正是当下农村在实施解决的问题。他又一次看到了未来。

33

1925年，中华农学会在国立广东大学召开年会，邓植仪发表《广东之农业问题》的演讲。他提出"广东农业之重要问题，可分为两个方面报告，一是关于农民生活者，二是关于农产者。农民生活方面可分经济、安宁（社会治安）、教育三问题；而农产方面可提出粮食、蚕桑、蔗糖、果品诸问题"。邓植仪当时详述的是广东的粮食、蚕桑、蔗糖、果品等大宗农产中存在的问题。他认为通过农业改良，这些大宗农产品存在的问题即可获得解决。广东农民有刚毅坚忍勤劳的特性，如若环境安宁，稍加组织引导，便可取得农业繁荣的局面。虽然是即兴演讲，但还是鲜明表达了自己的观点：肃清匪患，创造安定的农村社会环境，对农民加以组织，进行农业改良；对于资金短缺的农业，要有资金支持；对于落后的农民，要普及教育，为传播农业新技术创造条件。在论述上述问题时，行文中都有暗示，这些措施的实行，都需要政府的力量。政府是否有所作为，首先就要看农村经济，看农民的生活。

邓植仪倾情土壤学研究之余，注重对外学术交流，在抗战异地办学时期，邀请英国剑桥大学生物学研究员李约瑟到栗源堡参观和演讲。1944年5月初，李约瑟到校，邓植仪和他商谈了中英科学研究的合作事宜，并安排他前往各院及图书馆参观或演讲。在农学院，邓植仪为李约瑟安排了为期两天的内容丰富的活动。李约瑟是研究中国科技史的，他就古代中国农学的若干问题和农学院的学者们进行了交流。关于古代的土壤学，李约瑟与邓植仪以及四川的国家农业考察局土壤学顾问 L. 理查逊博士 (L. Richardson) 讨论了土壤科学的问题，并第一次探讨了"可能是世界上最古老的土壤学著作"——中国公元前5世纪前后的《禹贡》。邓植仪晚年以《禹贡》为研究对象，撰写了一篇先秦土壤学史的长篇论文，就是源于这个时期与李约瑟的讨论。丁颖以研究古代华南的稻作起源出名，他与李约瑟讨论了古代中国的稻作起源。特别是当李约瑟获悉任职于图书馆年轻的梁家勉先生正在进行中国古农书的研究，他双眼立刻放光，于是谢绝其他活动，前往农学院图书馆参观，了解藏书。参观后，李约瑟同梁家勉进行了一个下午的座谈，由刚从美国留学归来的赵善欢教授作翻译。当时李约瑟学习汉语的时间虽不长，但能听懂普通话，而且对古书词语的理解也基本自如。因此，有些中国古代文献的名词，赵善欢翻译起来感到为难，可李约瑟竟能提出来。

邓植仪对农学院图书馆建设非常重视，不仅注意对当时农业科技图书资料的搜集，还专门安排了对古农学很有造诣的梁家勉在农学院图书分馆进行工作和研究。在他的倡导下，大家在研究方向上拓宽了视野，一手伸向中国古代，一手伸向欧美国家，后来华南农业大学农史研究室的农科典籍收藏在国内独树一帜。

1944年，正值抗战接近胜利之际，邓植仪发表了《抗建中改进农业应有之认识与注意》一文，认为："笔者检讨过去三十年吾国农业改进工作之经过，深觉头绪纷纭，进展迟钝，窃恐胜利结束之后，欲急切改造农业，使计日呈功，以配合新中国建设之需要，似有不少困难问题，值得亟于研讨与注意者。"

他提出为了抗战胜利后大兴土木的需要，要未雨绸缪，大力植树造林。为了适应抗战后工业建设的需要，要大力发展与工业原料有关的农业生产。为了适应保卫边疆和国防建设的需要，需要沿边筹谋屯垦，增拓农林事业。由于农业生产不能像工业那样取得速效，需要增加政府对农业的财力、人力、物力投入，使农民各尽其才，地尽其用，以改进生产，战后的经济建设应农工两业并重。为了发展农业,需要制订整体性的农业发展纲要;建教合一。

在农业改良上,农业建设行政机关要给农业技术的推广创造条件,保障技术人员的生活,"使各安其位,各善其谋,则工作效率,自能提高"。他认为对于诸如缺粮这类大的社会问题,仅仅通过提倡食用杂粮与调剂余缺,促进流通等措施都只是治标的方法,而调查、研究、实验、推广四个程序将农业新技术推广到农村去,切实振兴农业,才是治本的方法。分析当时形势,邓植仪与大多数中国人一样,将国家复兴的希望寄托在抗战胜利之后,所以他根据自己的专业特长,提出了一系列振兴农业的宏伟计划。

很多时候总是计划赶不上变化,随着内战爆发,他的富民兴农的梦想彻底破灭。1948年中华农学会年会再度在国立中山大学农学院召开,邓植仪在会上发表了《改进农业困难所在之我见》,指出当时"教、建未能切实合作","十年来,仍徒有合作之名而无其实,中央如此,地方尤然"。暗指国民党当局热衷内战,农业战线"许多重大远久的计划决无从做起","非无人即无钱,甚至人财两缺,各机构于是至多成了维持现局的局面"。中央和地方的许多政令不能切实推行而"耗费公帑",再次是在农业改良方面"推展力量薄弱",致使农村社会组织散漫,农民知识低下,无法掌握新技术和新知识。经过几十年的实践研究,在现代农业的建设推广上,邓植仪进入了焦虑与急切的状态,对国民党当局只顾内战,不管农业改良的做法已经表现出愤怒的情绪。

1944年,邓植仪提出"农业科学化"的主张。他提出农业科学分为两大部分,"一为自然科学,如生物学、化学、物理学、地质学等,此即农业基本之自然科学也;二为社会科学,如农村社会学、农村经济学,此即农业基本之社会经济科学也"。邓植仪在这里不仅是对农业科学的定义,而且是将农业科学技术改变农业生产的环节,包括以农业科学中的农业经济学、农村社会学知识运用到"农业经营之改善,农民生活之向上及农村社会组织之改良上"。1935年,邓植仪应香港华字日报70周年纪念而作《三十年之广东农业》一针见血地指出了广东农业的症候。"前事不忘,后师之师,太史公曰：'述往事,思来者',余于广东农业,亦久有如是之感想……"

对农业进行整体改造,首先要实现农业科学化；农业科学化,必须科学大众化。欲求科学大众化,须有农业科学基础,所以提高农民技能和知识成为关键。邓植仪批评以往只是侧重高等农业科学人才训练,而忽视了对"三万万之众"的农民群体的训练和教育,以致"农业农村并无多大进步,即农业科学未能推广于农村。农业文化只有上层建设,农村农民尚不觉因有农业科学建设而守农业改进之益；农业经营与组织,亦尚不见因有农业科学建设而得改善之惠,上下不发生作用"。

为此,邓植仪认为"农民本数千百年前之技术,以从事生产,进步迟滞,习以为常,生产质量,绝少改进,农作灾害,无年或免,品种之如何改进,肥料之如何改良,土壤之如何研究,耕地之如何整理,病虫害之如何防除,农村经济之如何发展改进,农村社会之如何组织改善"等一系列问题。为此"政府应具最大之决心使建教切实合作,并本启迪及增益农民知能之旨,对于农民恳切启导,务使农业上之科学方法,为农民所利用者,循循善诱之,去其顽固守旧之思想,则科学自易接受,经验自易指导,学理与事业,相去不远,则农业之普及改良,自不难见之事实"。

农业改良中要以农民大众为主要对象,文化建设"推广农业科学知识,建设农村之新基础,灌输农业文化",同时对传统农业中,"如有可取者,务宜力求整理,发扬光大,其不合理者,则革除之,或予以科学改良,使达于尽善尽美之境,则农业改进前途,可有起色"。邓植仪当年发展农业的眼光,穿越时代的长河,至今闪耀着智慧的光芒。可是在抗战之后忙于内战,民国政府的官员根本无心顾及农业,邓植仪心中的激情、满腔的抱负、诸多的梦想都搁浅在时代的滩头,只能留待新中国建立以后。

第十一章　思乡恋土启迪后人

34

走进邓屋，我总想作一种假设，如果邓植仪先生依然健在的话，当他看到家乡今天的变化，看到村前屋后的新景，会有何感想？也许他会说，眼前的新貌就是当年他孜孜不倦、执着追寻的梦想。

1914年，26岁的邓植仪在美国威斯康星州立大学获土壤学硕士学位，导师埃米尔·杜鲁格给他争取了留校的机会。他面对丰厚的待遇，没有忘记自己留学的初衷，毫不犹豫地放弃留校工作的机会，回到了自己的家乡。当回到久别的家乡，看到熟悉的岭南山水，听到亲切的粤语乡音时，邓植仪像一株缺水的植物，如沐春风，很快就青葱蓬勃起来。他恋着这方水土，爱着自己的家乡，这里有他的亲人，更有他的事业。

四年的留学岁月让他懂得了很多，在西方人眼里，中国是一个贫穷落后的蛮荒之地。要想立足于世界民族之林，就得掌握科技知识，发展经济，增

▲邓屋村文化科技广场　　　　　▲邓屋村小学

强国力。面对洋人的趾高气扬，他没有自卑气馁，而是废寝忘食，奋起直追。

　　时光匆匆，四年求学生涯一晃而过，吃了几年洋面包的邓植仪，无时无刻不在思念着家乡和亲人。当穿越千山万水，终于回到邓屋，回到魂牵梦绕的秀美古村时，邓植仪还以为是个梦境。如果是梦境，他希望自己沉入其中，不要醒来。当耳边传来熟悉的粤音，传来孩子的欢笑时，邓植仪知道自己真的回家了！父亲添了白发，妻子有了皱纹，娃儿长高了半个身子，岁月在亲人脸上留下了难以抹去的痕迹……四年来，自己远在大洋彼岸，无法为老人尽孝，为家庭出力，吃喝拉撒一切都靠妻子操持。他知道妻子很不容易，回来让他享受了天伦之乐，他心里有一种责任：必须立即挑起家庭这副重担。

　　1915年，他供职北平农事试验场，任土壤化学师；1916年，任湖南公立工业专门学校解析化学教员，在湖南高等师范讲授《矿物学》，后来进入名师云集的南京高等师范学校农科任教。1920年5月，调回广州，受同窗学友省长杨永泰之邀，出任广东农事试验场场长并主持工作。

　　邓植仪调回广州工作后，妻子也带着孩子从东莞桥头搬到了广州，一家人才算团聚。1927年，邓植仪在广州（现海珠区河南同福大街海幢寺南边）购置了一块荒地。这块地面积大概有200平方米，邓植仪找来工匠，自己设计，建起一栋砖木结构的两层楼房。房子坐北朝南，样式独特，既有岭南民居特点，又有西式洋房风情。房屋使用面积有130平方米，剩余空地围成一个小庭院。庭院的东边靠大门一侧掘了一口水井，井水清澈，冬暖夏凉。庭院西侧，植有两株常绿乔木石栗树，枝干高挑，生长迅速，椭圆状的披针叶托起一丛碧绿。空地上栽有竹子，种有龙眼、黄皮、番石榴等热带果树。从独特的庭院布局中，可以看出一个农科专家的心境。

　　这个后来被广州市房屋地籍管理部门编列为河南同福中路松荫里三号的居所，是邓植仪休憩的港湾，情感的驿站。为了营造温馨安静的家庭环境，邓植仪选择在河南居住，当时上班的地方在珠江北岸石马冈，后来又迁到了石牌。邓植仪回家的路途很远，每天往来奔波，虽然辛苦，但他喜欢家里的僻静，无论是居家休息，还是做学问搞研究，不会受任何干扰，这一点很合他的心意。另外还有一个原因，居住在河南便于亲人间往来联系，家里兄弟姐妹大都居住在河南。那个年代不像现在，普通市民根本装不起电话，交通也不发达，兄弟姐妹有事来往相当不便。邓植仪是个重亲情的人，他隔三差五，总要忙里偷闲去姐妹家坐一坐。

生活上邓植仪非常俭朴，平时很少参加聚会和赴宴，从不涉足歌台舞榭、声色犬马的娱乐场所。除了按时上班，节假日与工作之余就在家看书搞研究。看书累了他就走出去活动一下，在园子里侍弄花草，偶尔也会出去看场电影，调节一下心情。在中山大学农学院工作时，中午在农学院一位庶务员处搭伙，饭菜简单；晚上回家也是有啥吃啥，从不挑三拣四。青年时曾有抽烟喝酒的习惯，并且固定抽上海华成烟草公司制造的"美丽牌"香烟，喝天津永利威酒厂酿制的"五加皮"药酒。花甲之后，患上了高血压病，于是烟酒全部戒掉了。

抗战之前，邓植仪和家人一直居住在松荫里三号，那是他一生中最快乐的时光。夫妻俩相敬如宾，一家人其乐融融。邓植仪子女们成年之后，回忆当年的情景，依然历历在目。夏天的夜晚，院子里瓜果飘香，孩子们早早搬出凳子，围在爸爸身边，听他讲故事。

在竹椅上，孩子们仰头遥望，深蓝色的夜空中，挂着一轮金黄色的圆月，邓植仪给孩子们讲月亮背面的环形山，讲月宫里的桂树、嫦娥，还有玉兔；讲牛郎织女七夕相会的故事。对于那些故事，孩子们百听不厌，有时听了一遍，又缠着他讲第二遍。对于月宫的故事孩子们听得烂熟了，知道天上一颗星，地上一个人，每个人都有一颗对应的星。天真的孩子便追问爸爸是什么星，邓植仪乐呵呵地说，爸爸是土星……

▲ 1957年邓植仪与家人合影

邓植仪的确像一个用土命名的星座，虽然在浩瀚的宇宙中，土星没有金星、木星、火星那样闪光耀目，但它沉稳安详，在太阳系中遵循着既定的轨迹有序运行，让人看着特别踏实和放心。

35

他是一个热爱乡土的人，无论何种情况下，邓植仪对家乡都是一往情深的。1930年9月，广东省政府下达委任状，委任邓植仪为土壤调查所所长。1930年11月开始进行全省分县土壤调查，邓植仪和彭家元分别带队，首先对番禺县土壤进行了调查。野外调查是一件苦差事，三个多月里，顶风冒雨，采集了大量的土壤标本，进行机械分析和土类鉴定。彭家元教授亲自动手，进行室内化验，为期半年的分析化验，谨慎周密，不厌其详。最后调查结果由邓植仪亲自执笔，整理成《番禺县土壤调查报告书》。报告书的调查数据是土壤调查所全体人员的共有成果，但是要将材料分类归纳，升华成科研成果，需要高深、系统的土壤学造诣，要将不同土壤的部、系、

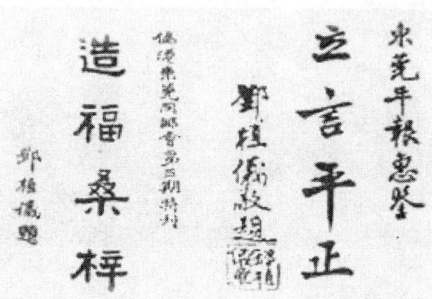

▲ 邓植仪为东莞家乡刊物题词

属定名分析,按照土壤资源的具体情况提出科学改良方案。所以第一份土壤调查报告由邓植仪亲笔撰写,报告书系统、准确,具有很高的学术价值。后来邓植仪将报告书翻译成英文,在万国土壤学会上作为科学成果进行宣读。

在番禺县土壤调查中,邓植仪发现与东莞交界处有三小段、面积约20平方公里的土地未能进行调查,特别注明在东莞调查中必须加以补充。1931年11月底,由他带领谢申、陆启先、吕润明前往东莞,进行土壤调查。1932年4月底完成,邓植仪再次亲自执笔,谢申等三人协助,完成了《东莞县土壤调查报告书》。

土壤调查后校务非常繁重,邓植仪在忙碌中抽空进驻乡村,深入农业生产一线,获取大量的第一手资料。东莞南栅乡潮田较多,由于没有掌握潮水涨落的规律,选择适当的灌溉时间,以致种植失败,连年歉收,乡府函请中山大学派人前往指导。中大农科立即派出邓植仪、丁颖前往实地考察,寻找改良方案。经过认真分析研究,发现广阔的沙田区农业改良很有前途,于是萌发了筹备珠江口咸田稻作场设想,稻作场专门研究耐咸、耐浸的稻种以提高咸田的产量。为了进一步得出研究成果,邓植仪与研究生陈瑞麟一起到虎门观察抽样,分析潮水涨落规律对咸田土壤咸性的影响,经过两年多的观察,得出了咸田水稻的最佳灌溉时机。从1932年开始,

▲ 瞻光亭

邓植仪先后规划了石牌稻作试验总场、南路稻作分场、东莞沙田稻作场。同时指示丁颖拟订石牌、沙田、南路各育种场的建筑预算，丁颖将报告呈交学校，获得批准。

1935年省政府在洋米税项下支出数万元支持稻作试验场的建设计划，东江和韩江稻作场开始选址，在抗战前已经建成。这些稻作试验场的规划和布局，显示了邓植仪和丁颖改良广东稻作结构的战略构想。以石牌稻作试验总场为总基地，辐射粤中、北江、西江流域的水稻产区。在虎门设立的沙田稻作场，辐射珠江口低沙田区。在惠阳设立的东江稻作场辐射东江流域的稻作区，潮梅地区的韩江稻作场辐射韩江上游山区和潮汕平原。另外还有最早设立在茂名的南路稻作试验场，则可辐射包括海南在内的粤西南地区。

在东莞调研时，邓植仪为横沥镇养蜂场引进意大利优良蜂种进行繁殖，提高蜂蜜的产量和质量，提高了养蜂场的经济效益。这次实地调研他专程来到家乡桥头镇，认真考察了珠三角最大的淡水湖潼湖的水利情况，并向政府提出改造东莞万顷沙田农业灌溉的建议。由于日寇侵略加剧，战乱时期政府无心顾及农业发展，邓植仪的计划未能如期实施。

1938年10月，日寇攻占广州，邓植仪对农业试验基地建设的宏伟计划，在日本侵略者的枪炮声中戛然而止。无论是军界还是政界一片惶恐，不少贪生怕死者率先逃离。为了学校的财产和学生的安全，邓植仪安排家人随

▲ 邓屋工业区厂房、宿舍

校外迁,广州的房子只好委托一位远房亲戚代为看管。邓植仪知道远房亲戚生活拮据,愿意承担亲戚的生活费用,作为他照管、维护房屋的报酬。

广州沦陷后,战事日趋吃紧,邓植仪随校外迁,一路漂泊,最后远迁云南澄江。由于云南与广州的联络受阻,邓植仪无法及时接济这位亲戚,亲戚年老无业,生计困难,只好变卖屋内家具物什,继而拆门卸窗,将楼梯等物件全部变卖。直至1945年日寇宣布无条件投降,抗战取得全面胜利后,邓植仪一家才迁回广州。回到旧居时发现房子内已空空如也,家里可以变卖的东西全都卖光了,看到空窗残壁,不禁黯然神伤。战争的伤害强过瘟疫,它波及生活的每一个层面,从精神到肉体对人进行彻底的扫荡。岁月蹉跎,邓植仪一家人疲惫不堪地回到小院,看到眼前一切,恍若隔世。

36

支持公益,发展教育,是邓植仪关心家乡最直接的方式。1945年光复后,东莞桥头因为缺乏学堂,学生失学严重,邓植仪为协助建立桥头职业学校,方便当地农民子弟就学,培养农业人才,经县长批准,由明伦堂拨款建设。邓植仪主持完成了学校的设计与筹建,1946年创办于桥头墟东桥市的农业职业学校正式开学,这是东莞有史以来第一间农业职业学校。职校建成后,

邓植仪开始施展振兴家乡农业的计划，可是因时局变化，后来未能按照他的设想运行，成为一种遗憾。

邓植仪一家与明伦堂有很深情缘。明伦堂在清代比较普遍，各县学宫都建有明伦堂，归学官（儒学）掌管，是一个聚集生员讲经、讲圣谕、宣扬封建伦常的地方，虽没有实权，但在精神统治方面有它的作用和影响。东莞明伦堂原设在可园附近，始建于明末清初。东莞明伦堂与其他地方的明伦堂的不同之处，不仅是在兴建学校方面发挥过重要作用，而且它拥有六七万亩肥沃良田，在当时来说，确实是资产雄厚，实力非凡。因为有利益存在，东莞明伦堂一度成为乡绅主持管理万顷沙田的机构，尽管不同时期名称有异，但都沿用东莞明伦堂之名。最初几十年，管理机构设在东莞学宫明伦堂内，所以东莞内外称万顷沙田的管理机构是东莞明伦堂。东莞明伦堂将万顷沙田批给二路地主，二路地主再转批给农民耕种，以地租、田租所得作为兴办东莞学校、医院、文化教育、慈善事业及奖励入学读书之用。自清道光以后，直至解放前夕，东莞学校之多，学子之众，都与明伦堂的作用有密切关系。

▲东莞明伦堂董事会交接账单

民国三十八年（1949）八月，邓植仪接任东莞明伦堂副董事长，早年其父邓庆云也曾担任过明伦堂董事长，父子俩在不同历史时期，情系故里，为家乡公益事业尽心尽力。

虽然邓植仪为最后一任董事会成员,但是看到明伦堂内不少成员钩心斗角,图谋私利,他非常难过。他大声呼吁废除万顷沙田的包佃制,直接将田地承租给农民,杜绝不劳而获,层层盘剥,转租营利,提高耕种者收入。同时邓植仪还倡议建立一个不使用包佃制的农场,利用农业科技实行耕作和栽培,作为试点,建立新的经营模式,推广现代农业技术。

经过一段时期考察,他推荐具有稻作栽培经验的农业科研人员负责管理农场,培育适宜沙田土壤和种植的水稻品种。在耕作中推广新式耕作法,购买新式农机具,提高耕作效率。尽管最后因政局势态变化,农场的经营性质发生了改变,但他提出的方案思路清晰,具有很强的实用性和可操作性,成为治理农村,发展农业的珍贵范本。

第十二章 红壤，未了的心愿

37

1950年4月25日，邓植仪在北京兵马司地质研究所主持召开了中国土壤学会第四次年会。邓植仪作为土壤学会主席，总结回顾了自1936年在杭州成立土壤学会14年来的工作。在这次年会上，竺可桢就土壤学会与科学院及自然科学筹备委员会之间的关系作了演说。

担任农业部顾问期间，邓植仪怀着强烈的责任感和使命感，不顾年老体弱，多次深入农村开展调研考察。他一生都在亲近田野，从学生时代到年老退休，他都脚沾泥土，不停奔波。农业专家不能闭门书斋，只有经常深入一线，才能及时发现问题，解决问题。

栉风沐雨的邓植仪，像一株树，只要根须伸进泥土，枝叶就会蓬勃茂盛。无论在学校还是在科研机构，他坚持一手实践，一手理论。他担任顾问，不是图个虚名，而是尽心尽力，把手头的工作做好。为了使我国的农业研究更全面系统，他积极响应人民政府提倡整理发掘祖国农业遗产的号召，分类整理了大批的农业古籍，特别是有关土壤学的文献资料，探讨前人对土壤分类与土地利用方面所作的研究，撰写了《有关中国上古时代（唐、虞、夏、商、周五朝代）农业生产的土壤鉴别和土地利用法则的探讨》等论文。文中对禹贡九州的区域，夏禹对九州的自然景观和洪水概况，九州土壤的辨别，地方估定和赋贡差，以及土地利用的法则等作了深刻的阐述。

除受聘农业部顾问之外，还先后到华北农业科学研究所、中国农业科学院工作。在华北农业科学研究所他带病与中青年科研人员一起，翻山越岭，全力协助新建的国营农场和农业生产合作社进行土壤调查、勘测、科学鉴定，亲临现场了解土壤的类型和特征。在土壤调查中，他随时向农民群众学习，与同行交流，掌握我国传统的生产方法和辨认古称"垆土"的各种形态等。垆土即黑色坚硬而质粗的土壤。《淮南子·墬形训》："是故坚土人刚，弱土人肥，垆土人大，沙土人细。"北魏贾思勰《齐民要术·耕田》："春，地气通，可耕坚硬强地黑垆土。"通过古文献与现代研究对照，邓植仪得出了新的数据。

1952年2月，召开华南垦殖大会，与会者提出全国有红壤10000万亩，其中3000万亩可以进行农垦。会上，著名昆虫学家、南昌大学教授杨惟义发言，说江西就有5000万亩红壤。当时邓植仪听了没有言语，脸上看去神态平静，其实内心已经波澜起伏。凭他估算，广东的红壤面积可能远远大于江西，对于毕生倾情土壤研究的专家来说，这确实是一个重大的课题。如果把大面积的红壤改造好了，那真是功在当代，利在千秋，造福子孙万代。

1952年6月27日，已转到华北农业科学研究所工作的邓植仪，再次参加土壤座谈会。参加会议的有科学院、农业部、水利部、林业部、北京农业大学、农业科学研究所等部门的专家学者。邓植仪、徐叔华、侯学煜等人提出荒地如盐荒及红壤如何利用的问题。

红壤是亚热带气候常绿阔叶林下发育成的土壤，在我国分布非常广泛，北起长江，南至南岭和台湾北部，西部包括云贵高原中北部及四川盆地南缘。由于该地区降水充沛，土壤淋溶作用强，钾、钠、钙、镁积存少，而铁、铝的氧化物较丰富，故土壤的颜色呈红色，且酸性很强，土性较黏。红壤分布地区气候条件优越，光照充足，生长季节长，适于发展亚热带经济作物，如一些果树和林木，且作物可一年两熟或三熟，土地的生产潜力很大。

在我国，红壤地区是水稻、茶叶、蚕丝、甘蔗的主产区。所以说，在我国只要把红壤改造好了，那就打下了半壁江山。

红壤属酸性土壤，而土壤酸度是严重困扰农业生产的一个全球性难题，涉及世界耕地面积的40%～70%。我国酸性土壤分布14个省区，总面积达203万平方公里，根据统计，酸土的分布面积每年都在扩大。由于土壤溶液pH值低，造成土壤营养元素因流失而缺乏，其中最为严重的是铝的毒害，它是限制作物产量的一个重要因素。

当时邓植仪是国内前沿的土壤学专家，如何改良好我国红壤酸土，攻克这个世界性难题，成为他晚年的最大心愿。他翻阅了大量的科研文献，向母校威斯康星大学农学院求助，与导师和学友们探讨。从文献中得知，其实早在2000多年前，古罗马人就开始改造酸土，在农田中施用石灰。实践证明，施用石灰是一项非常古老的酸性土壤改良措施，但是也无法彻底解决问题。有资料显示，日本在20世纪50年代就开始应用含硅的炉渣改造退化的酸性稻田，而且获得成功。而欧美国家在1950年之前，土壤改良剂的研究仅限于天然改良剂，研究较多的是从藻类中提取多糖羧酸类化合物——藻朊酸盐，一般以藻朊酸钠的形态出现，用量按土重0.1%，便可获得显著效果。但是由于天然改良剂易被土壤微生物分解且用量较大，难以在生产上广泛应用，于是人工合成改良剂的研究便逐渐开展起来。

1951年美国第一次人工合成了"克里利姆"高分子聚合物制剂，主要成分是聚丙烯酸钠盐，具有高效、抗微生物分解、无毒等优点。而当时我们国内根本无法推广和掌握这门技术。所以改良的方式仍然是施用石灰。石灰对土壤酸性的中和作用相对较为缓慢，而长期施用不仅效果不佳，还容易使土壤板结，制约根系生长，不利于养分吸收。

1954年召开全国土壤肥料专家会议，出席会议的有各地农学院教授、讲师，科学院及农业科学研究人员、农业行政干部，共200余人。会议主要是为改善土地利用和土壤肥料工作献计献策,与会者就当时的土壤肥料和荒地勘察工作进行总结和交流。一致认为从1950年至1954年间,土壤肥料工作对农业生产的恢复与发展起到了一定作用,但还远远赶不上生产发展的需要。一方面地力瘠薄,农场肥料尤其是有机肥普遍不足,单位面积产量低,山区丘陵尤其是黄河中游水土散失区,上游损失耕地,下游淤积泛滥;北方一些地区风沙和盐碱甚烈,且有蔓延恶化趋势。南方大部分红壤地区肥力亦低,没有完全发挥土地的效益。

为了研究红壤酸性改良的方法,邓植仪做了大量的实验,以当时的条件,他提出了如下几种有效方法。

一是增施农家肥,培养土壤肥力。作物种植前,以农家肥为主,施足底肥,增加土壤中的有机质。改善土壤通透性,促进根际微生物活动,促使土壤中难溶性矿物质元素转换为可溶性养料,达到培肥地力的效果。二是适时增施石灰、草木灰等含碱性的肥料,直至变为微酸性或中性土壤为止。三是种植耐酸性的作物,常种绿豆、油菜、荞麦、水稻等耐酸性作物。通过整地管理使土壤活化来调整土壤酸度。四是实行水旱轮作,改善理化性状,改进栽培技术,防止水土流失。酸性土实行水旱轮作,每两至三年轮换一次,可以改善土壤理化性状,栽培中实行播后盖膜、调整复种方式等。通过以上措施,使酸性红壤的改良取得了较好效果。

38

邓植仪在调查研究中发现,人尿粪在北方农村利用尚不普遍,而在南方虽然已成习惯,但施用方法不好,氮素利用估计不到6%。在土壤改良方面,南方在红壤利用上有新的尝试,江西、湖南农林厅都做了许多调查研究。就当时情况,邓植仪认为华北地区的土壤施肥水平很低,是农业生产中的大问题。于是开展全国性的积肥运动，1952年开始提倡，从每亩施用20担农家肥，增至每亩30担。不重视施肥的地区开始注意积肥，南方水稻田绿肥栽培面积不断扩大，烂漫的紫云英在田野上铺展，油饼被施用还田，土壤性质逐年改善。

新中国成立之初，百废待兴，农业基础设施需要从头开始。邓植仪虽然身体衰弱，但他克服各种困难，开始参与国营农场的勘察规划，以及灌区的土壤调查。对华北、东北、华东等大区结合主要作物进行增产研究，对土壤性状及群众的耕作、施肥灌溉等工作进行指导。他通过考察调查，初步发现了土壤肥料在各地作物增产上的关键问题。在水土保持方面，全国有十五个省一个自治区实施了修筑梯田、培土埂、挖平水沟、种草植树等工作，许多山区和丘陵地带进行了土地修整。

农村水土治理工作由于基础薄弱，缺乏经验和人才，积肥数量在许多地区还停留于口头上，没有实质性的进展。针对这种情况，当时农业部提出：大力开展积土肥、保肥工作，逐步扩大绿肥、牧草栽种面积，组织力量进行土壤调查和改良，配合水利、林业建设，以不断提高土壤肥力保证作物增产。那个年代出生的孩子，对红花草（紫云英）特别亲切和熟悉，它不仅是肥料，而且是耕牛、生猪的饲料，还可当作农民餐桌上的蔬菜。每到春天，紫云英铺展的田野，无边无际，那是唯美的乡村风景。

邓植仪在北京工作时，正值国家全面建设，物资供给不足，生活上经常遇到困难，但他从不向单位提任何要求，有困难总是自己想办解决和克服。由于患高血压病多年，而初期又没能及时发现和控制，出现了许多并发症。亲友们发现他的身体日见衰弱，工作时只能强打精神，于是特地介绍清末太医瞿大夫为他诊治。高血压属于慢性疾病，无法一次性根治，只能长期服用降压药来调节控制。这样一来，医药费就成了一笔较大的开支。当时公费医疗制度还没有全面建立，邓植仪从不找单位报销医药费，每次

▲ 20世纪50年代的邓植仪

都是自己掏腰包,这样一来,本来经济就不宽裕的家庭,因长期服药更加拮据。后来实在是支撑不起了,只好让香港的胞弟帮他取出解放前存在香港银行的积蓄,这才让他缓解了当时的困难。

从平时的生活方式和工作态度上完全可以看出,邓植仪是一个工作狂,他永远不会想着自己怎么去享受,而只会想着如何去做好研究,完成工作。他数十年孜孜不倦,执着于农业教育和土壤专业的研究,使他在清贫的生活中忽视了自己的身体,以致出现未老先衰的迹象。在华北农业科学研究所工作时,他每到星期六下午,就会从北京西郊返回市区东城住所,与家人团聚,周一早上再返回西郊研究所上班。

那时候北京的交通很不发达,唯一的交通工具只有公共汽车,但是人多车少,有时半天也搭不上一辆,好不容易搭上了,也是人挤人,有时把人压得透不过气来。最让人头痛的是车子行驶异常缓慢,一趟跑完要花去两个多小时,坐那样的车简直是在受罪。邓植仪不愿被车子折腾,大多数时候都步行,从西郊步行回东城,20多公里的路程,不论酷暑寒冬,他都用自己的双脚一步一步丈量,一个单程走完要花三个多小时。北京的冬天

▲ 邓植仪60寿辰与家人合影

寒风刺骨，滴水成冰，可以想象，一位年近古稀的老人，拖着虚弱的病体，艰难地跋涉在漫天风雪中，那需要怎样的意志和毅力！七个年头，邓植仪行走在事业与家庭这条长路上，即使是气喘吁吁，他也始终没有叫一声苦，喊一声累，就像一支燃烧的烛火，为我国的农业科技事业奉献着光和热。

新中国成立初期，百废待兴，工作和科研条件有限。如果能有一个良好的工作环境，邓植仪的科研之路会更加顺畅，成果会更加丰硕。但现实无法选择，伴他同行的是一路风雨。从留美归来，他一直专心农业教育与科研，在业内思想活跃，眼界开阔，一直追随在国际学术的前沿。可是让人意外的是，学贯东西的农业专家，在医疗方面却显得十分保守，他平时有病只找中医把脉，很少请西医诊治。所以他一直没有测量过血压，对自己的身体状况很不了解，连自己患了高血压病也一无所知，由于未能及时得到控制和治疗，致使病情被耽误，最终导致猝死。

1957年夏，一个跋涉者开始走上归乡之路。年近古稀的邓植仪，再次开始思念温暖的家乡了。经他本人申请，领导批准了他回广州工作。按照当时的退休制度，他完全可以安享晚年，不再工作了。但是回到广州后，他还是心系研究，前行的脚步停不下来。即使是再有成就的学者穷其一生，痴情研究，但是仍有未了的心愿，他在退休后显得更加急切，他的梦想是在有生之年，一举突破红壤酸性这一国际性难题。

刚回广州，他就马不停蹄，与老朋友、老同事联络，以老骥伏枥的精神寻找发挥余热的阵地。他首先向华南农学院提出想继续工作的意向，由于各种原因，最终没有回到华南农学院的讲台上，但在院长丁颖的介绍下，去了广州华南农业科学研究所。他当时身体不好，可在工作上仍然严格要求自己，致力于华南红壤、反酸土壤的研究。那段日子，红壤酸土就像一团燃烧的火焰，炙烤他的皮肉，煎熬他的身心。红色如一面飘摇的旗帜，在前方的山头上招展，旗帜时刻在召唤，他老骥伏枥，志在千里，面对课题，没有片刻的停留和懈怠。多年的苦苦求索，就是梦想攻克这块高地，扫除耕作的障碍，为子孙后代造福。

经验在一点点积累，成果在逐渐形成，只要执着攻关，他相信假以时日，红色的酸土一定会变成一片红色的沃土，传递出牛羊遍地、稻香果熟的美景。

1957年10月18日，邓植仪与往常一样，准时来到华南农业科学研究所，作为课题攻关的牵头人，他召集课题组成员，讨论规划广东红壤改造方案，成立红壤研究室。谁也没有想到，他怀揣的宏大计划才刚刚实施，生命的车轮就戛然而止。由于过度劳累，在研究所与同事、学生们探讨讲解红壤改良方案时，邓植仪突发脑溢血，经抢救无效，在广州逝世。

生命不息，奋斗不止。一位杰出的土壤学家，最终倒在工作岗位上，享年69岁。回想邓植仪的一生，就像一只春蚕，吐尽了最后一缕蚕丝；像一支蜡烛，发出了最后一丝光亮。一个热爱土地、辛勤耕耘的土壤学家，把全部的情感都渗入了泥土，最终的姿势仍然匍匐大地，与土地融为一体，永不分离。

邓植仪为农业科技事业操劳奔波了一生，他一辈子从没有考虑过如何去享乐，如何去获取钱财，他过着物质赤贫、精神富有的生活。逝世后本

第十二章 红壤，未了的心愿

该让他永远安息，可是那场史无前例的政治运动，让一个逝去的学人也未能幸免。当疯狂的造反派掀起抄家狂潮时，邓植仪的房屋被翻了个底朝天。他所遗留下来的书籍、史料、文件、衣物均被抄走。当时，邓植仪妻子罗氏拼命守护，但未能奏效。她见造反派翻箱倒柜，担心丈夫的骨灰会被抄走，慌乱中，把骨灰盒投入屋前园内水井中。这里曾是邓植仪喝茶聊天、休息散步的地方，无计可施的罗氏扔下骨灰盒，心如刀绞，回想丈夫的一生，万分感慨，辛酸往事涌上心头，那一刻她再也忍不住，泪流满面，痛哭起来。随后，罗氏被勒令遣送回东莞桥头镇祖籍地居住。1988年前后，罗氏因病去世，临终时她的遗言就是要将其骨灰运回广州安放。子女们理解母亲的心情，于是将罗氏的骨灰盒也投入屋前小园的水井内，让两位老人永远相伴相携，长眠于泥土深处。后来因市政改造，邓植仪广州的故居被拆迁，但不管面貌如何变化，历史将永远记住这个细节。

第十三章　谁来养活中国

39

如果回头审视一下中国近百年来的农业史，我们对邓植仪先生会更加肃然起敬。他对我国农业科技的推动，对农业高等教育的发展，做出了重大贡献。

学贯东西的邓植仪以过人的智慧和远见卓识，给中国农业进行了准确定位。无论是在农业科技，还是现代教育中，无不闪烁着一个学者深邃持久的思想光芒。

从世界发展格局来看，不管发达国家，还是发展中国家，都非常重视农业的发展。"国以民为本，民以食为天"，先人古训已道出了农业于国于民的重要性。

粮食不仅是一种生活物资，更是一种战略物资。纵观历史，饥饿和灾荒如鬼魅一样，长久缠绕在我们身边，给中华民族留下了刻骨铭心的记忆。远的不说，从民国以来就经历了多次大饥荒。1920—1921 年，华北四省区出现大饥荒，死亡 1000 多万人，灾民达 3000 多万人；1925 年，川黔湘鄂赣五省大饥荒，死人过千万；1928—1930 年，北方八省大饥荒，死亡 1300 多万人。这是一次以干旱为主，蝗、风、雪、雹、水、疫并发的巨灾，遍及陕西、甘肃、山西、绥远、河北、察哈尔、热河、河南等省，并波及鲁、苏、皖、鄂、湘、川、桂等省的局部或大部。灾情从 1928 年延续到 1930 年，造成逃荒人流无法计数，倒毙在荒原上的饿殍大约 1000 万。陕西原有人

口1300万，在三年大荒中，沦为饿殍、死于疫病的有300多万，流离失所者600多万，两者合计占全省人口70%。

1934年全国大旱灾，导致饥荒，有600多万人饿死；1936—1937年，川甘大饥荒，成都盆地各县全都是灾区，受灾人口约3700余万。

1941年广东大饥荒，死亡300万人。1942年，抗战对峙时期，出现中原大饥荒，该地区110个县、1000万众的河南省，有300万人饿死，另有300万人西出潼关成为流民，沿途饿死、病死、天冷冻死者无以计数。

1945年东北及湖南、河南、江西、山东、浙江、福建、山西、广东、安徽、广西等省灾民达1900万人。1946—1947年，南方大饥荒，两年间仅粤桂湘三省就饿死了1750万人。在湖南，1946年4—7月，饥荒遍及全省，灾民开始挖草根、剥树皮为食，后来树死草光，靠吃"观音土"充饥。截至8月，湖南饥荒祸及400万人，仅衡阳地区就饿死9万余人……

1959—1961年，中华人民共和国成立后遭遇了一次大饥荒，史称三年困难时期。现在50岁以上的人，都有过挨饿的经历；55岁以上的人，对那场惨痛的灾害都有着深刻印象。它给人们造成的物质和精神损害，远远超过了新中国成立后历次自然灾害的总和。

在以往的灾害中，灾民都能从重创中顽强地振作起来，重建家园，唯独那三年大饥荒，如梦魇一般萦绕于心，挥之不去。人们每当回想那段度日如年的时光，就会记起那些饿得发绿的眼睛，他们像荒野的鬼火，在幽深的洞穴中弥散着死亡的气息。

我们要居安思危，时刻牢记，中国只有全球7%的耕地，但要养活全球五分之一的人口，这是无法回避的严峻现实，也是无处推卸的如山重任。1994年美国世界观察研究所所长莱斯特·布朗在《世界观察》杂志上发表题为《谁来养活中国？》一文。文章一经发表，在全球立刻引发轩然大波。当时几乎所有重要的国际性报刊和新闻机构都在显要位置作了转载和报道。中国政府和学术界也出现了强烈反应，高官和学者几乎人人义愤填膺。随后，布朗被邀请到世界各地巡回演讲，在几个重要的国际会议上发表演说，继续宣扬他的观点，并不断补充新的证据。

布朗的分析犹如一声警钟，敲醒了无数高枕无忧的中国人。粮食引起了中国领导人的极大关注，引发了一场持久的学术讨论。接下来的近20年里，对于谁来养活中国的疑惑，中国领导者和农业专家没有半点含糊，用一种有力的声音作出了庄重的回答："中国人自己养活自己！"

当时布朗提出这个问题的前提是，假设中国在1990年至2030年期间实现持续快速的工业化，那么就会导致他推测的结果。他从日本、韩国和中国台湾省的共同经历中发现：在工业化之前人口密度就很高的国家和地区，即人均占有耕地很少的国家和地区，在快速工业化的过程中必然伴随着耕地的大量流失和粮食的大量进口。他把这一发现当作一条规律确定下来。布朗根据中国和国际上某些机构发布的统计数据，分析了中国未来30年至40年之间的人口、人均消费水平、耕地、复种指数、水资源、化肥投入、单产和生态环境的动态趋势进行综合分析，他也分析了未来世界上主要粮食出口国和进口国的供给与需求情况。

布朗认为中国将成为世界上最大的谷物进口国。世界粮食市场将由买方市场转变为卖方市场。中国的经济繁荣将使世界进入粮食短缺时代，致使第三世界的低收入国家和低收入人口无力购买必需的口粮，由此中国的粮食进口将剥夺这些国家和人口的食品权利，加剧世界的贫困问题。粮价上涨还将引发世界范围内的经济崩溃，并在低收入国家引起政治动乱。粮食短缺对世界经济和政治的冲击将超过20世纪70年代中期的石油危机。

因此，中国的粮食短缺对世界的危害比军事入侵还要严重，全人类和各国的政治家应当从粮食短缺而不是军事冲突的角度重新定义人类"安全"的概念。布朗这一番论述，实际上不仅是向全世界提出"谁来养活中国"

的问题，而是"一个养活不了自己的中国将如何危害世界"的问题。

当时对布朗的这番言论，确实感觉有点危言耸听，但是冷静之后，不妨把布朗的话当成长鸣的警钟。对一个耕地十分紧缺的人口大国来说，粮食安全无疑成为影响国计民生的重大问题。于是有专家指出："农业不仅是社会问题，还是政治问题，既要杜绝农民撂荒土地，又要警惕地方政府受GDP诱惑，产生盲从和冲动。随着长三角、珠三角地区从最肥沃的鱼米之乡变为最发达的工业城市群，中国粮食的主产区面积逐渐缩小，已经退居到了北方地区。

尽管国家出台了一系列"三农"政策，但在农村仍存在很多的问题。随着工业化、城市化进程加快，土地污染也成为一个突出的问题，污染不仅导致粮食质量和产量下降，甚至造成绝收。

在土壤污染问题上，邓植仪是有先见之明的，早在1920年他就开始研究土地保护，关注生态平衡。他担任广东农林试验场场长时，曾派出一批优秀的技术人员，深入广东各县，进行农林和土壤调查。1932年，对广东大量进口国外化肥、随意施用现象产生了警惕。为避免滥施化肥，他编写了科普读物《化学肥田料之使用法》，及时纠正农民错误的施肥方法，避免土壤遭受污染，确保农产品质量。

80多年后，我国的经济有了突飞猛进的发展，在一些工业发达地区，土壤与水体的污染相当严重，对农业造成极大的损害。处在"谁来养活中国"阴影下的农业从业者，一直在寻求解决粮食安全的出路。除了工业对土地、河流的污染，还有化肥和农药带来的危害。

新时期以来，我国粮食产量有了很大提高，但并没有完全排除粮食风险，因为世界粮食供需矛盾依然突出。联合国粮农组织预算，2012至2013年度全球谷物产需缺口约640亿斤。其次，每年全球谷物贸易量一般不足3亿吨，大豆贸易量大约只有1亿吨，两项合计只有大约4亿吨。而中国目前一年粮食消费量已超过 6 亿吨。中央农村工作领导小组副组长陈锡文说："即使中国有钱，将全球能用于出口的粮食贸易量全部买回来，也不够吃半年，自己不解决怎么行？"

无论外部情况如何变化，中国都要维持主要粮食作物的自给率。"手中有粮，心中不慌"这是硬道理。假如出现战争、大面积自然灾害，粮食就会出现困难。基本口粮只要出现 10% 以上的不足，社会就可能出现混乱；如果出现 30% 的不足，就将彻底乱掉。

40

当我们过着衣食无忧的生活，享受着供给充足的便利时，还有多少人在为农业操心？面对信仰缺失、精神疲软、价值观念混乱的当下，邓植仪 80 多年前对农业人才问题的担忧，不仅没有消失，反而显得更加突出。当前人才的总体流向热衷于高利润的行业，目前国家的高端人才大多进入到房地产、电子信息、金融等高薪领域。在最近的 30 年中，我国农业人才严重流失，形势相当严峻。不仅是农业科研部门人才断层，而且普通农民也大量外流，人们宁愿下煤矿挖煤也不愿意回去种田。

2013 年 11 月 9 日至 11 日，全国博士学术论坛（法学）在中国人民大学隆重举行。教育部学位管理与研究生教育司副司长黄宝印在论坛上介绍，实施研究生教育 35 年来，已培养 420 万名硕士、50 万名博士，近 500 万名高学历人才。30 多年来，国家对人才的培养和储备成效卓著，可令人尴尬的是，我国最大的博士群不在高校和科研机构，而在官场。学而优则仕，寒窗苦读的目标好像就是为了入仕为官，很多有研究能力和创造天赋的知识分子，挡不住官场的诱惑，一有机会便弃学从政。由于封建观念根深蒂固，官本位思想仍然严重，显然这是一种极不健康的价值观。回想钱学森那一代经历过救亡运动洗礼的知识分子，他们带着滚烫的赤子情怀，千方百计报效祖国。他们既保持着中国知识分子的传统精神和道德风骨，也具有"西学东渐"年代的开放胸襟和眼界，显示了中华民族的高贵品格。20世纪30年代初期，国民党元老、国立中山大学校长邹鲁曾多次邀请邓植仪加入国民党，并许诺作他的入党介绍人，邓植仪每次都婉言谢绝，表示他是一名教师，只知道传道授业，搞教育科研，他不懂政治，对政治也毫无兴趣。从事教育科研工作需要连续性和连贯性，如果三天打鱼，两天晒网，将来一事无成，耽搁学业，误人子弟。对于邓植仪这种淡泊名利的思想，在中国这个具有官本位传统的国度里，非常另类。

在民族解放和复兴的伟大召唤中，邓植仪一生献身农业科研和农业教育，在救亡图存的自觉担当中，那一代知识分子以筚路蓝缕，以启山林的勇气，在各个领域努力开拓，不断求索，把自己的生命献给了伟大的事业。新中国成立后，他们不计名利、无私奉献，为国家建设倾注了全部的心血。即使人生暗淡，屡遭困顿，备受挫折，也始终没有放弃对理想的追求。

每当凝视邓植仪晚年时期的肖像，总让人念念不忘这位面容清癯、体态消瘦的老人。那双深邃炯然的目光给人温暖，回顾他成长的时代，整个20世纪风云激荡，价值观念分化，很多学人有了新的选择。可是他执着坚守，多少次放弃为官为商的机会，放弃在美国留校的机会，义无反顾地回国，终身钻研农业。当他遇到诸多的艰难险阻时，仍然不离不弃，倾情泥土。

在农业科研上，邓植仪是一个理想主义者，也是一个完美主义者，他那种淡泊名利、不计得失、关怀苍生的高贵品质，在今天来说已成为稀有的精神资源和时代绝响，在信仰的天空中，不断为后人矫正人生航向。

农业是国民经济的基础，自2004年以来，中央一号文件连续十年聚焦"三农"，在中国社会主义现代化建设中，把"三农"问题提升到前所未有的高度。为鼓励农民种粮积极性，2006年1月1日起，中央取消了延续 2600 多年的农业税，同时还建立起农业补贴制度。对于农民来说，这是一个最好的时代，最实惠的时代，最幸福的时代！2013 年，我国粮食生产实现了连续十年大丰收的喜人局面。如果邓植仪先生地下有知，他一定会露出欣慰的笑容，看到梦想已经实现，为今天的农民能过上衣食无忧的幸福生活而自豪！

后记

兴农重教名扬千秋

岭南大地，四季如春，这里瓜香果熟，草绿花红。半个多世纪前，皓首穷经的邓植仪，像一株栉风沐雨的老树，挺起瘦硬的腰杆，在此深情地凝望故乡。

光阴逝水，转眼已越百年。回望赤脚走过田埂的少年，踩着漫无边际的莞草，倾听稻花香里阵阵蛙声。村道上，牛羊列队，鸡鸭成群，悠扬的牧歌梦境一样飘来。这是一种幸福回望，更是一种田园梦想。每个人都有自己的故土家园，那是心灵的胎记，它镌刻了永不消褪的颜色。

重新走入那片山野田畴，丘壑寸草，留下过邓植仪密集的脚印。他炽热的赤子乡情，像天边的云彩，化作地表涓涓细流，汇聚成奔腾浩荡的东江，流淌在岁月的深处。

行驶在莞深高速东莞段，只要闭上眼睛，就能想象当年波澜壮阔的农耕场景。那翻滚的稻海、激滟的麦浪、碧绿的果园、一望无际的蔗林，成为邓植仪心中绝美的风景。

乡村是孕育生命的胎盘，河流是输送养分的脐带，滚烫的血液传递着母性的温暖。作为一个农科专家，邓植仪深爱着脚下的泥土，渴望年年五谷丰盈，岁岁六畜兴旺。他痴情农业，俯首耕耘，像一头拓荒的老黄牛,把自己的青春热血融进了脚下的泥土;用饱满的生命激情,给大地输送养料。

热爱乡村的人,对泥土有着天然的亲近,他热爱大地的色彩,尊重泥土的品格,喜欢田野的气息,土地永远是人类的衣食父母。

几年前,我从故乡山野中出发,顺着东江源头,来到邓植仪先生的家乡——东莞市桥头镇。尽管在桥头逗留的时间不是很长,但那种地气充盈的感觉,让我印象深刻,一见如故。五个年头过去,重回桥头,门前屋后依然可见高耸的柴垛、青绿的菜地,这种农耕气息在工业化的东莞大地上成为一种稀有景象,就如一坛窖藏已久的陈年佳酿,在岁月深处散发出扑鼻的酒香。酒是粮食的精华,它在耕作者周身游走,让人热血沸腾。

身处城市化、工业化风起云涌的"珠三角",桥头的农业气息成为续接过去、展望未来的载体。透过高楼、厂区的背后,穿越霓虹灯、广告牌的光影,我找到了失散多时的田园。那些熟悉的场景,就如久别重逢的亲人,传递着相知相识的情感。在这里虽然乡土的声音已经稀薄,耕作的痕迹日见模糊,但至少庄稼没有被连根拔起,土地没有被水泥完全覆盖。在田头地角还能遇见碧绿的菜地、小块的稻田、成片的果园、列队的肥鹅。这是工业区、商贸城、车流、人流背后另一种缓慢平和的生活,一种自然流畅的节奏,它给人的心灵带来温润和滋养。

在桥头,农业没有被时尚遮蔽,除了栽果种菜,喂鸡养鱼,还有更重大的举措。那是一种新型的观光农业,它让游人在农业场景中获得精神的愉悦,使思想在农耕中获得快意与升华。当人们衣食无忧,步入小康生活之后,对精神文化生活便有了强烈的渴望和更高远的追求。桥头人审时度势,用传统的项目融入现代思维,以花为媒、以花为美的观光农业应运而生。从荷花到油菜花,从商贸业到旅游业,新的农业模式和节庆活动成为桥头经济腾飞的引擎,成为文化繁荣、社会和谐的见证。

在邓植仪先生的家乡,一批有心人,倾情泥土,辛勤耕耘,用一种十年磨一剑的执着精神,有力地举起兴农强农的接力棒,一轮一轮往下传递。他们以科技为手段,以文化为载体,用创造者的智慧,让传统农业绽放出时代的光彩。

一望无际的莲湖,像一面洁净的镜子,映照着桥头人对农业的崇敬和坚守。在高楼大厦、工商贸易的围堵中,莲湖以一种不变应万变的姿态，吟咏出曼妙舒缓的和谐心曲，保持着花容不老的笑颜，散发出朴实典雅的人文情调。

在桥头，人们对农业有了全新的认识，对土地有了深入的理解。除了建造高楼大厦、工业新城，土地还有繁荣文化、抚慰心灵的功能。

在经济社会高速发展的当下，山清水秀，蓝天白云，已成为一种稀有资源。走近邓植仪，让人更加喜爱土生土长这个词语，更加理解安居乐业的幸福含义。虽然无土栽培是一种高新农业技术，可它的生长方式总显得苍白、脆弱，在营养液中泡大的茎叶，无法扎下牢固的根系。只有大地可以成为生命的襁褓，撑起无边的世界；只有从泥土深处萌生的种子，才有希望长成参天大树。

土生木，地生金。家族繁衍，文化积淀，邓屋是一株有根的植物，他们深爱着大地，他们的萌芽兴盛，与历史的流变密切相关。在群星闪耀的天幕上，有瞬间炫目的精彩，也有长久闪耀的星光。钟灵毓秀，人文荟萃，成就了邓屋深厚的底蕴。邓氏是一个人才辈出、承前启后的文化型家族。从1888年至今，不过百余年时光，一个家族培养了邓植仪、邓锡铭两位顶尖级科学家以及一百多位科研文化工作者和经营管理人才。从邓氏尊师重教的家风中，可以看出，这样的成功不是一

种偶然，而是一种必然。

我相信世间万事都是讲求机缘的，栖居桥头不久，我有幸知晓了邓氏家族，于是在工作之余，开始有意识地去搜集和查阅与邓氏相关的文献资料。我带着仰慕与崇敬之心，数次踏入比邻而居的邓屋，探访邓氏踪迹，倾听前人的趣闻轶事。从邓氏的家谱、宗祠、故居入手，顺着探秘的入口，原本一无所知的我，对这个不俗的族群产生了探究的欲望，建立了浓厚的兴趣。

做完前期铺垫，原以为对邓氏家族有了一个较为清晰的了解。可是随着解读的深入，这才发现自己还是一个幼稚的浅知者，许多被岁月遮蔽的真相，还沉潜在历史深处，我只有努力深入，将一些鲜活的细节打捞出水，才能让一个家族的记忆慢慢复活。

顺着入乎探微的文字路径，一个生动亲切的学者形象逐渐清晰。从邓植仪等身的著作中，呈现了他从晚清到民国，再到新中国成立后的生命历程。

邓植仪潜心钻研、勇于探索、淡泊名利、甘为人梯、热爱农业、献身教育。他不仅是卓有成就的科学家，还是一位伟大的教育家和思想家。他集实干家、领导者、农业专家为一身，一生求真务实，孜孜不倦，时刻关心民族命运和国家前途。1984年10月，在邓植仪逝世27年后，中国农业科学院学术委员会给邓植仪家属发来了表彰状，表彰状上写着："邓植仪同志担任中国农业科学院第一届学术委员会委员期间对本会工作做出贡献特给予表彰。"

2009年10月，由中国技术市场协会、中国肥料专家年会评选出中国土壤肥料业60年最具影响力人物，著名科学家侯德榜、邓植仪、侯光炯、张乃凤、朱兆良、刘更另、石元春、顾二熊等人当选。这些迟到的荣誉，这些难以忘却的缅怀、追忆，正是对邓植仪那一代科学家最好的评价与褒奖。

在风华正茂的年代，邓植仪目睹了清末以来的动荡政局，农民苦不堪言，于是他把农业教育、农业科研作为自己毕生的事业，让农民过上衣食无忧的生活是他最高的理想和追求。留美归来，北上南下，辗转两广，奔波云贵川，试图以实业、教育、科学进行救国。可惜当时内忧外患，连年战乱，邓植仪的报国之志几度夭折。

即使在最恶劣的情况下，他也从未怀疑和动摇。数十年间，他踏尽坎坷，志向未改；颠沛流离，信念不衰。他用现代眼光改造了中国农业教育制度，在农业改良和高等教育领域，体现了独到的见解和鲜

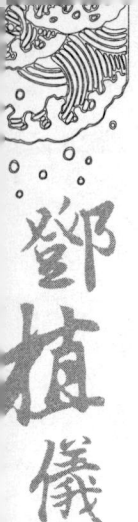

明的表述。

邓植仪认为综合大学的农业院校,应该培养高级的专业研究人才;而中等、初级的农业学校也同样不容忽视,因为可以为农业一线培养大量的中初级实用人才。就当时的农业状况而言,邓植仪认为,农业教育离不开农业改良,所以从抗战前他就一直提倡"建教合一"的办学理念。学以致用是教育的关键所在,农业教育必须为农业生产服务,这是他认定的硬道理。我们可以感悟到,在经济飞速发展,工业化浪潮奔涌而来的当下,重新认识农业已迫在眉睫。

令人欣喜的是,2014年的政府工作报告再次强调农业:"农业是扩内需调结构的重要领域,更是安天下稳民心的产业。要坚持把解决好'三农'问题放在全部工作的重中之重,以保障国家粮食安全和促进农民增收为核心,推进农业现代化。坚守耕地红线,提高耕地质量,增强农业综合生产能力,确保谷物基本自给、口粮绝对安全,把13亿中国人的饭碗牢牢端在自己手中。"

这是一种清醒的认识,对于农业,现在到了该矫正方向的时候了,无论沿海还是内地都应当高度重视吃饭问题。从事农业领域的人们,更要有充分的自信。2014年3月27日《南方都市报》报道:新鲜出炉的《2013年广东省普通高校毕业生就业工作白皮书》中有数据显示，2013年曾被称为广东"史上最难就业季"，但农学毕业生就业率却位居榜首，农科学生开始扬眉吐气。

历史经验显示，粮食永远是头等大事。也许是智者所见略同，邓植仪先生在半个多世纪前发出的声音，提出的举措，与中央当前的农业政策惊人的相似！知人论世，语境还原，对生活内核，在时代深处进行细心勘验之后，我们对邓植仪先生更加景仰和崇敬！他对我国农业科技的推动，对现代农业高等教育的发展，产生了重大影响，做出了突出贡献。邓植仪以过人的智慧和卓越的远见，给中国农业开出了良方，他关于发展现代农业的理论与思想至今仍闪耀着灿烂的光芒。

从广州石牌到云南澄江，战火纷飞中，全国高校大迁移，那是一幅多么悲壮的文化图景。从精神到肉体，从言词到行动，折射出知识分子的高贵品格。那一代知道分子追求价值，崇尚真理，较之数十年后全球的理想淡化、目标迷失、精神疲软、利益追逐，他们的情操品格尤其可贵，对我们青年一代有着航标灯一样的指引和启示。

我们不能忘记中国现代农业的奠基者，不能忽略农业谚语和乡土方言的存在价值，那是生命的胞衣，万物的源头。如果失去了温暖的

土地，我们永远见不到绚丽的春天。

感谢东莞市委宣传部，桥头镇党委、政府，以及邓屋村和邓植仪先生的儿子邓锡鎏，孙子邓肇广，孙女邓雪芳、邓雪珍的支持，特别是年过八旬的邓根喜老先生，多次为我提供采访便利，正是有他们的支持和帮助，才让我建立了创作的信心。在前期采访和后期创作中，不时为邓氏前辈的荣光所感动，他们不计得失的奉献精神，先人后己的高尚情操，给了我思想的洗礼，心灵的震撼！我把这个过程当作宝贵的精神财富，用一生去珍藏，去感受！

2014年4月于桥头